D1752021

Bauer sucht Frau

Die besten Backrezepte vom Lande

Tre Torri

RTL

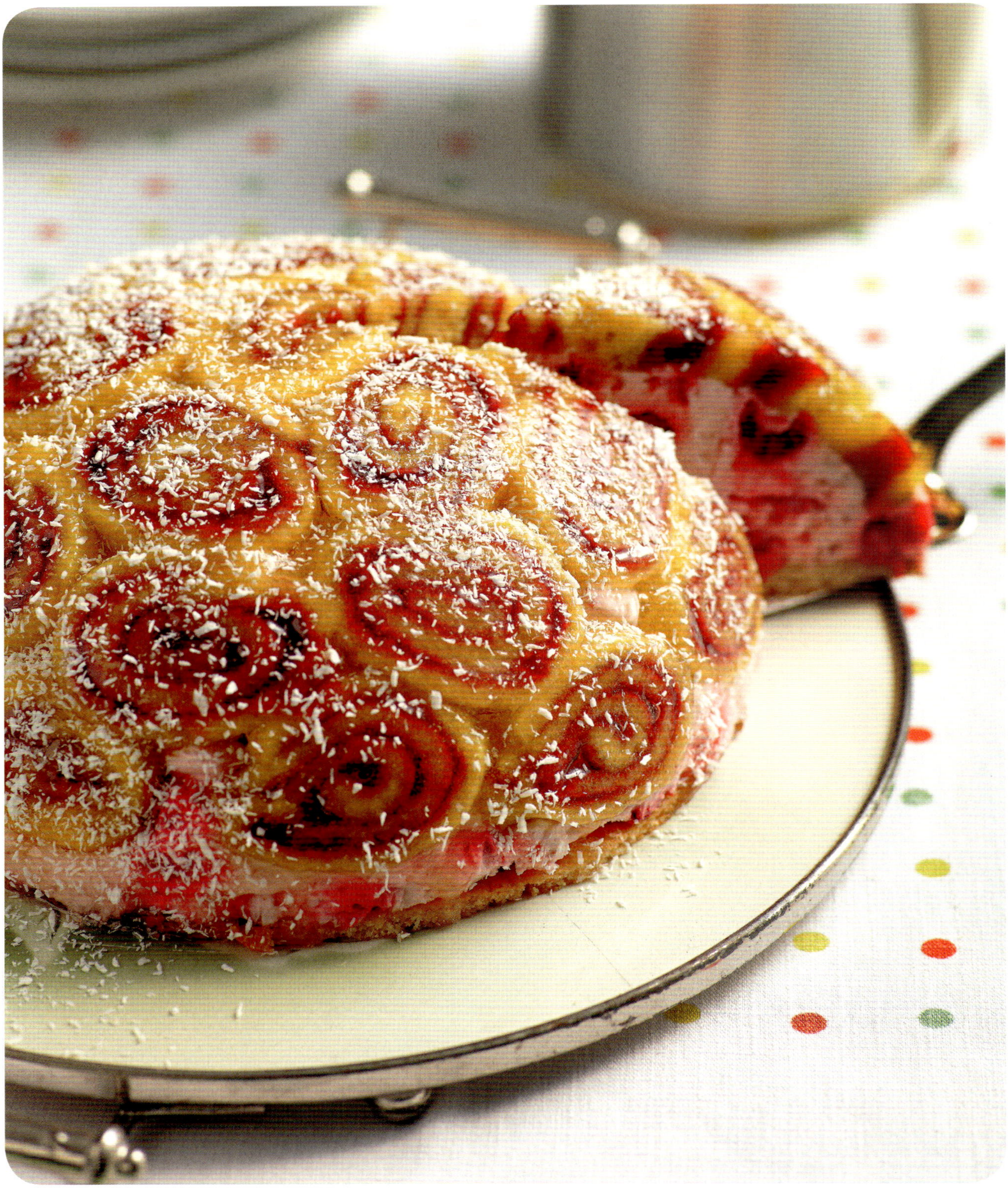

Inhalt

Vorwort	5
Kuchenklassiker	6
Kuchen vom Blech	46
Fruchtiges mit Obst	62
Torten	86
Kleines Gebäck	110
Für's Herz	134
Herzhaftes, Brot & Brötchen	144
Backtipps und Tricks	170
Saisonkalender	172
Rezeptregister	174

Hat der Bauer kalte Hände, flieht die Kuh raus ins Gelände.

4

Vorwort

Manchmal sagen Taten mehr als tausend Worte.

Und was sagt schöner „Ich hab Dich gern" als ein selbst gebackener Kuchen? Nach dem erfolgreichen „Bauer sucht Frau"-Kochbuch starten wir in die zweite Runde und freuen uns, Ihnen das Backbuch zur beliebten TV-Serie zu präsentieren. Denn Liebe geht bekanntlich durch den Magen und einem süßen Stück Kuchen kann weder ein waschechter Landwirt noch eine angehende Bäuerin widerstehen.

Deutschlands Backöfen wird eingeheizt. Bei den 100 süßen und herzhaften Rezepten haben Sie die Qual der Wahl. Soll es lieber ein klassischer Kirschstreusel sein oder doch die Birnentarte mit Karamell? Für das Buch haben wir eine Auswahl an traditionellen Rezepten zusammengestellt, die typisch sind für das Landleben. Liebgewonnene Klassiker wie Bienenstich sind ebenso dabei wie Nussecken oder Apfelstrudel. Die Rezepte werden Schritt für Schritt erklärt, sodass sowohl Backanfänger als auch Hobbybäcker köstliche Kuchen zaubern können.

Neben den süßen Rezepten dürfen herzhaftes Gebäck sowie Brote und Brötchen natürlich nicht fehlen. Flammkuchen, Quiche Lorraine oder Schinkenhörnchen sind die perfekten Snacks für die nächste Party. Und mit feinen Quarkbrötchen überraschen Sie die Liebste oder den Liebsten beim nächsten gemütlichen Sonntagsfrühstück. Auf einem Tablett angerichtet mit einer Blume, selbst gemachter Konfitüre aus dem „Bauer sucht Frau"-Kochbuch und einer heißen Tasse Kaffee kann ein Tag nicht schöner beginnen.

Wie im „Bauer sucht Frau"-Kochbuch verraten die bekannten TV-Bauern auch in diesem Buch ihre Lieblingsrezepte und machen Lust aufs Nachbacken.

Guten Appetit und große Gefühle ...

... wünscht **Tre Torri**

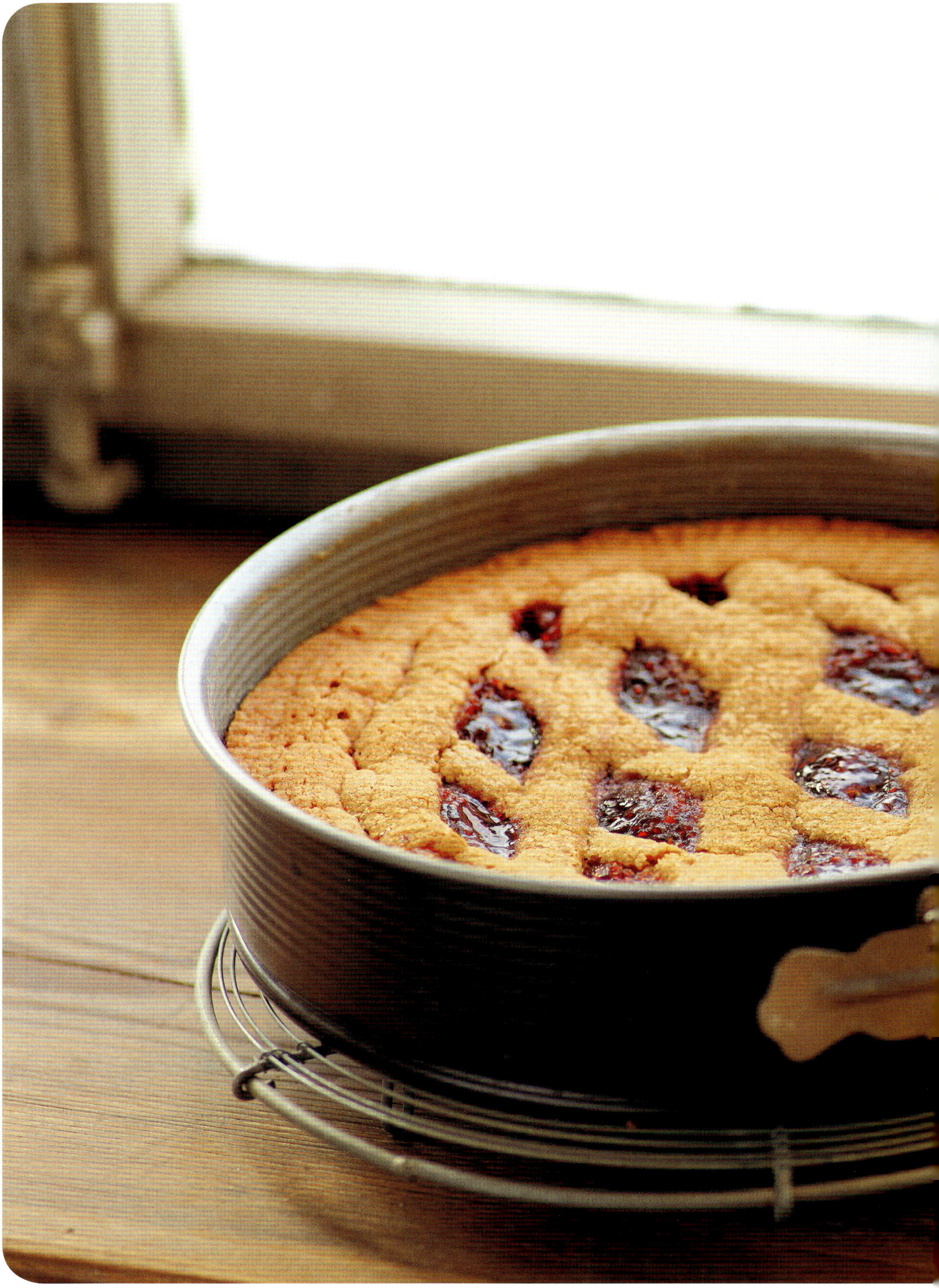

Kuchenklassiker

Omas Marmorkuchen

LIEBLINGSKUCHEN VON BAUER UWE

FÜR 16 KUCHENSTÜCKE

Rührteig

Butter und Mehl für die Form
150 g weiche Butter
150 g Zucker
1 TL Vanillezucker
1 TL Zitronenabrieb
1 Prise Salz
3 Eier
100 ml Milch
250 g Mehl
50 g Speisestärke
10 g Backpulver
30 g Kakaopulver
Puderzucker zum Bestäuben

Zubereitung Rührteig

Backofen auf 180 °C Ober- und Unterhitze vorheizen. Eine Gugelhupfform (Ø 22 cm) mit Butter einfetten und mit Mehl bestäuben. Überschüssiges Mehl abklopfen.

Butter, Zucker, Vanillezucker, Zitronenabrieb und Salz mit einem Handrührgerät verrühren. Eier und die Hälfte der Milch während des Rührens nach und nach untermischen. Mehl, Speisestärke und Backpulver vermengen, sieben und ebenfalls unterrühren. Eine Hälfte des Teigs in die Form geben. Die andere Hälfte mit der restlichen Milch und dem Kakaopulver verrühren. Dann die dunkle Masse auf den hellen Teig in die Form geben. Für die typische Marmorierung einen Holzspieß oder eine Gabel zwei- bis dreimal durch den Teig ziehen. Im vorgeheizten Backofen auf dem Rost auf einer der unteren Schienen ca. 45–50 Minuten backen. Stäbchenprobe machen (siehe Seite 170) und fertigen Kuchen auf ein Kuchengitter stürzen. Die Form abheben und erkalten lassen. Mit Puderzucker bestäuben.

Tipp

Lecker schmeckt der Kuchen auch mit einer Schokoladenglasur!

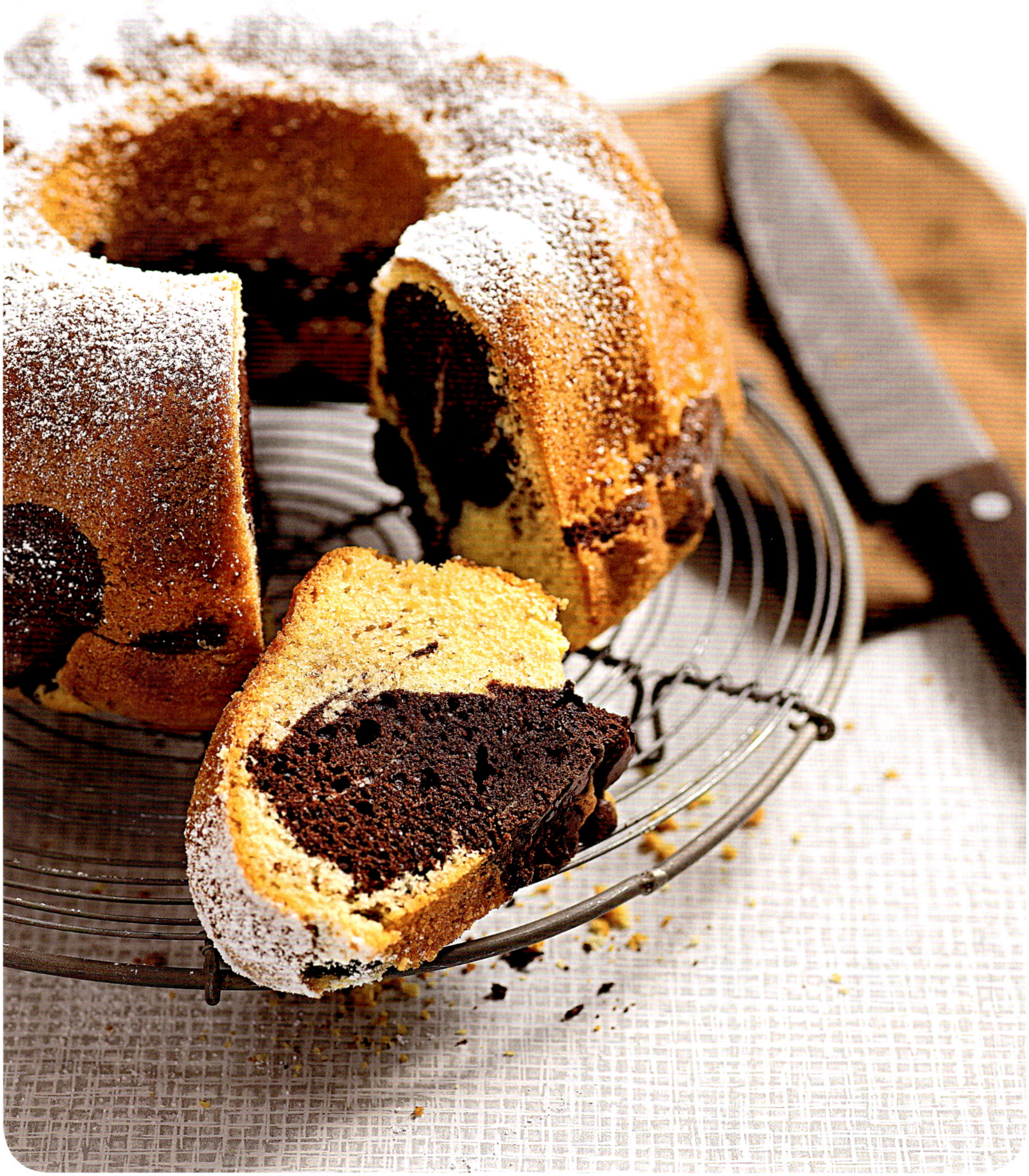

Klassischer Sandkuchen

FÜR 15 KUCHENSTÜCKE

Rührteig

Butter und Mehl
für die Form
200g weiche Butter
200g Zucker
1 TL Vanillezucker
1 Prise Salz
3 Eier
2 Eigelb
125g Mehl
125g Speisestärke
10g Backpulver
Puderzucker zum
Bestäuben

Zubereitung Rührteig

Backofen auf 180 °C Ober- und Unterhitze vorheizen. Eine Kastenform (26 cm) mit Butter einfetten und mit Mehl bestäuben. Überschüssiges Mehl anschließend abklopfen.

Butter, Zucker, Vanillezucker und Salz mit einem Handrührgerät schaumig rühren. Nach und nach Eier sowie Eigelbe unterrühren. Mehl mit Speisestärke und Backpulver mischen und dazusieben. Alles gut miteinander verrühren und in die Form füllen.

Den Kuchen im vorgeheizten Backofen auf dem Rost auf einer der unteren Schienen ca. 10 Minuten backen. Dann den Teig mit einem nassen Messer längs von Rand zu Rand einschneiden, so wird der Kuchen schön gleichmäßig. Weitere ca. 30–35 Minuten goldgelb backen. Stäbchenprobe durchführen (siehe Seite 170). Den Kuchen vorsichtig auf ein Kuchengitter stürzen, etwas stehen lassen, die Form vorsichtig abnehmen und den Kuchen vollständig auskühlen lassen. Mit Puderzucker bestäuben.

Oktoberdonner hat die Kraft, dass er viel Getreide schafft.

Zitronenkuchen

FÜR 15 KUCHENSTÜCKE

Rührteig

Butter und Mehl
für die Form
3 unbehandelte Zitronen
200g weiche Butter
165g Zucker
1 TL Vanillezucker
1 Prise Salz
5 Eier
100g Mehl
150g Speisestärke
10g Backpulver

Zutat Fertigstellung

200g Puderzucker

Zubereitung Rührteig

Backofen auf 180°C Ober- und Unterhitze vorheizen. Eine Kastenform (26cm) mit Butter einfetten und mit Mehl bestäuben. Überschüssiges Mehl anschließend abklopfen.

Zitronen mit heißem Wasser abwaschen, trocken reiben und nur das Gelbe der Schale mit einer Küchenreibe abraspeln. Anschließend 1 Zitrone auspressen und den Saft für die Glasur zur Seite stellen.
Butter, Zucker, Vanillezucker, Zitronenabrieb und Salz mit einem Handrührgerät schaumig rühren. Nach und nach die Eier unterrühren. Mehl, Speisestärke und Backpulver mischen, dazusieben und unterrühren.

Den Teig in die vorbereitete Form geben. Im vorgeheizten Backofen auf dem Rost auf einer der unteren Schienen ca. 10 Minuten backen. Dann den Teig mit einem nassen Messer längs von Rand zu Rand einschneiden, so wird der Kuchen schön gleichmäßig. Weitere 30–35 Minuten backen. Die Stäbchenprobe durchführen (siehe Seite 170). Den Kuchen auf ein Kuchengitter stürzen, etwas stehen lassen, die Form abnehmen und den Kuchen vollständig auskühlen lassen.

Fertigstellung

Puderzucker sieben und mit 3–4 EL Zitronensaft glatt rühren. Den Kuchen von der Mitte aus mit der Glasur übergießen und mit einem Backpinsel verstreichen.

Hocken die Hühner in den Ecken, kommt bald Frost und Winters Schrecken.

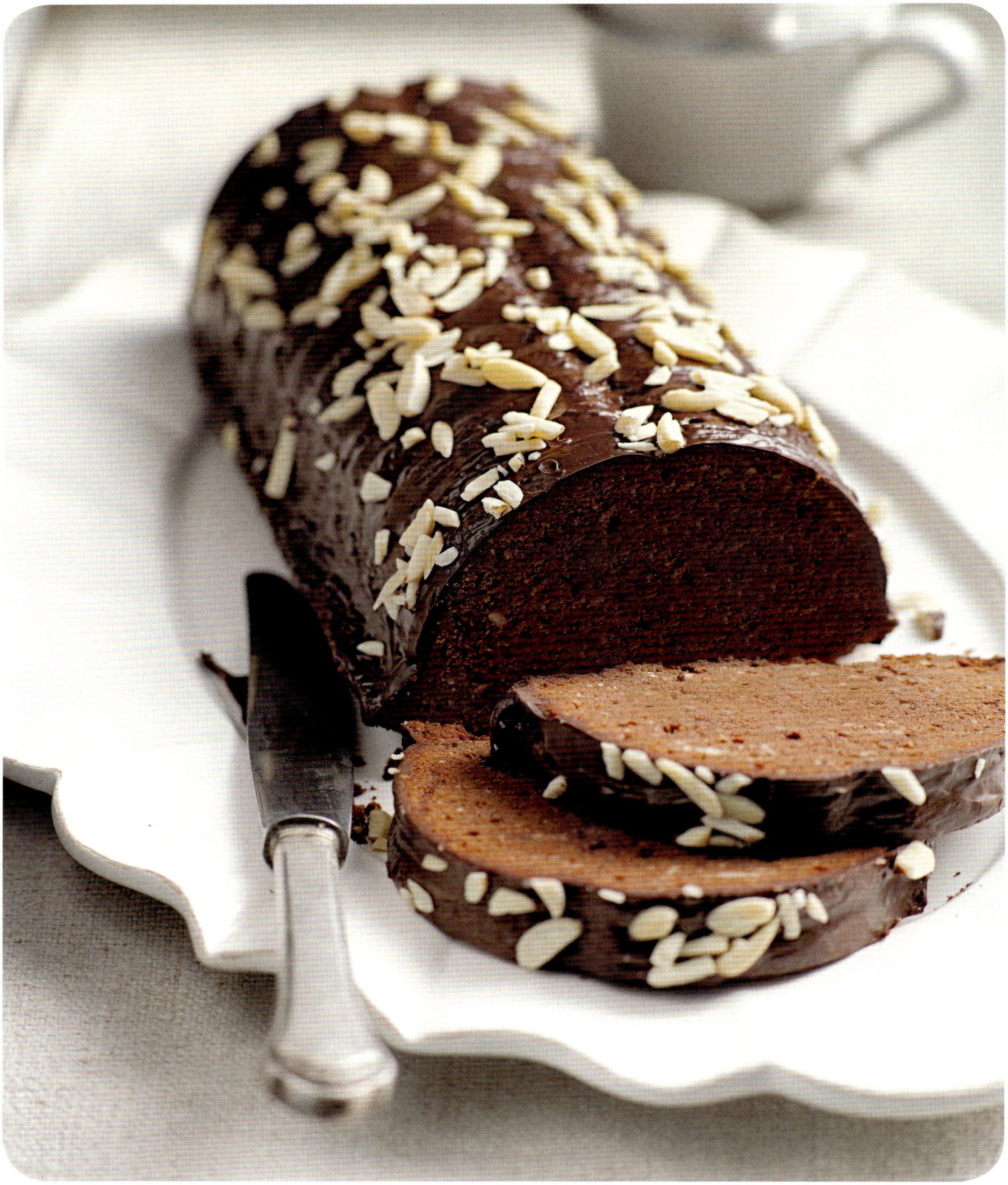

Rehrücken

FÜR 15 KUCHENSTÜCKE

Rührteig

Butter und Mehl
für die Form
100 g weiche Butter
150 g Zucker
1 Päckchen Vanillezucker
1 Prise Salz
3 Eier
50 g Mehl
1 Päckchen Schokoladen-
puddingpulver
2 gestr. TL Backpulver
2 EL Milch
75 g gemahlene Mandeln
100 g geraspelte Zartbitterschokolade

Zubereitung Rührteig

Eine Rehrückenform mit Butter einfetten und mit Mehl bestäuben. Überschüssiges Mehl anschließend abklopfen. Den Backofen auf 180 °C Ober- und Unterhitze vorheizen.

Butter in einer Rührschüssel mit einem Handrührgerät aufschlagen. Zucker, Vanillezucker und Salz unter Rühren hinzufügen, bis eine gebundene Masse entsteht. Die Eier nach und nach unterrühren. Mehl mit Puddingpulver und Backpulver mischen und dazusieben. Anschließend die Milch unterrühren. Zuletzt die Mandeln sowie Schokoladenraspel kurz unter den Teig rühren, in die Form füllen und glatt streichen. Die Form im vorgeheizten Backofen auf dem Rost auf mittlerer Schiene ca. 55 Minuten backen. Die Stäbchenprobe durchführen (siehe Seite 170).

Den Kuchen kurz in der Form stehen lassen, anschließend auf einen Kuchenrost stürzen und erkalten lassen.

Zutaten Fertigstellung

150 g Zartbitterschokolade
1 EL neutrales Öl
50 g Mandelstifte

Fertigstellung

Schokolade grob zerkleinern und mit dem Öl über einem Wasserbad schmelzen. Den erkalteten Kuchen damit überziehen, mit den Mandelstiften verzieren und fest werden lassen.

Rotweinkuchen

FÜR 15 KUCHENSTÜCKE

Rührteig

Butter und Mehl
für die Form
250 g weiche Butter
125 g Zucker
1 Päckchen Vanillezucker
1 Prise Salz
4 Eier
2 EL Rum
250 g Mehl
3 gestr. TL Kakaopulver
1–2 gestr. TL Zimt
3 gestr. TL Backpulver
150 g Schokoladenraspel
100 g gehackte Mandeln
125 ml Rotwein

Zubereitung Rührteig

Backofen auf 180 °C Ober- und Unterhitze vorheizen. Eine Kastenform (26 cm) mit Butter einfetten und mit Mehl bestäuben. Überschüssiges Mehl anschließend abklopfen.

Butter, Zucker, Vanillezucker und Salz mit einem Handrührgerät verrühren. Jedes Ei jeweils etwa ½ Minute auf höchster Stufe unterrühren. Den Rum hinzufügen und unterrühren. Mehl mit Kakaopulver, Zimt und Backpulver mischen und sieben. Abwechselnd mit den Schokoladenraspeln, den Mandeln und dem Rotwein unterrühren.

Den Teig in die Kastenform füllen und im vorgeheizten Backofen auf dem Rost auf einer der unteren Schienen ca. 10 Minuten backen. Dann den Teig mit einem nassen Messer längs von Rand zu Rand einschneiden und weitere ca. 60 Minuten backen. Die Stäbchenprobe durchführen (siehe Seite 170). Fertigen Kuchen herausnehmen, kurz in der Form stehen lassen, dann auf ein Kuchengitter stürzen, die Form abnehmen und auskühlen lassen.

Melkt die Bäuerin die Kühe, hat der Bauer keine Mühe.

LIEBLINGSKUCHEN VON BAUER GÜNNE

Eierlikörkuchen

FÜR 16 KUCHENSTÜCKE

Rührteig

Butter und Mehl
für die Form
250 g weiche Butter
250 g Zucker
1 Päckchen Vanillezucker
4 Eier
300 g Mehl
1 ½ TL Backpulver
150 ml Eierlikör
evtl. Puderzucker zum
Bestäuben

Zubereitung Rührteig

Backofen auf 200 °C Ober- und Unterhitze vorheizen. Eine Spring- oder Gugelhupfform mit Butter einfetten und mit Mehl bestäuben. Überschüssiges Mehl anschließend abklopfen.

Butter, Zucker und Vanillezucker mit einem Handrührgerät verrühren. Die Eier nach und nach unterrühren.

Mehl mit dem Backpulver mischen, sieben und unter die Butter-Mischung rühren. Unter Rühren den Eierlikör zugeben. Den Teig in die Form füllen und im vorgeheizten Backofen auf dem Rost auf einer der unteren Schienen ca. 45 Minuten backen. Die Stäbchenprobe durchführen (siehe Seite 170). Fertigen Kuchen herausnehmen, etwas abkühlen lassen, aus der Form lösen und auskühlen lassen. Nach Belieben mit Puderzucker bestäuben.

Haben die Kühe nichts zu fressen, hat sie der Bauer wohl vergessen.

Saftiger Rüblikuchen

FÜR 12 KUCHENSTÜCKE

Biskuitteig

Butter und Mehl
für die Form
250g Möhren
5 Eier
200g Zucker
1 Päckchen Vanillezucker
1 Prise Salz
3 EL Rum
60g Mehl
3 gestr. TL Backpulver
400g gemahlene Mandeln

Zubereitung Biskuitteig

Backofen auf 180 °C Ober- und Unterhitze vorheizen. Eine Springform (Ø 26 cm) mit Butter einfetten und mit Mehl bestäuben. Überschüssiges Mehl anschließend abklopfen.

Die Möhren schälen und fein raspeln. Die Eier trennen. Das Eiweiß steif schlagen. Eigelbe, Zucker, Vanillezucker und Salz mit einem Handrührgerät verrühren. Rum kurz unterrühren. Mehl mit Backpulver mischen, sieben und mit der Hälfte der gemahlenen Mandeln unterrühren. Eischnee unterheben, restliche Mandeln und Möhrenraspel ebenfalls kurz unterrühren.

Den Teig in die Springform füllen und im vorgeheizten Backofen im unteren Drittel ca. 60 Minuten backen. Kuchen herausnehmen, kurz in der Form auf einem Kuchenrost stehen lassen, dann aus der Form lösen, stürzen und auf dem Rost abkühlen lassen.

Zutaten Fertigstellung

200g Puderzucker
3–4 EL Rum
20g flüssige Butter
evtl. 12 Marzipan-möhrchen

Fertigstellung

Puderzucker sieben und mit Rum verrühren. Die Butter unterrühren und den Kuchen mit dem Guss überziehen. Je nach Geschmack und Wunsch Marzipan-möhren auf den noch feuchten Guss geben und fest werden lassen.

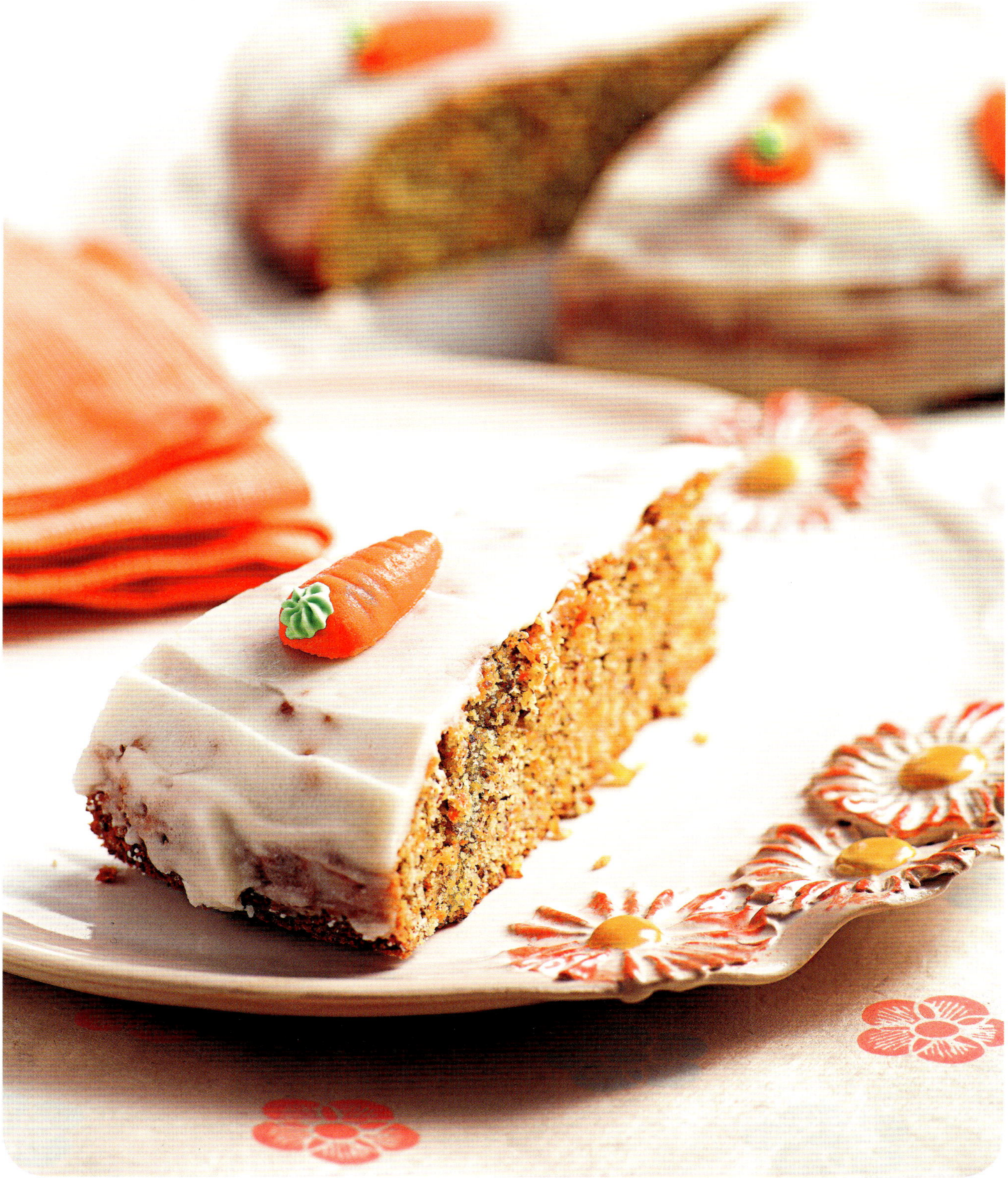

LIEBLINGSKUCHEN VON BAUER MAIK

Schokoladenkuchen

FÜR 12 KUCHENSTÜCKE

Rührteig

Butter für die Form
250 g Zartbitterkuvertüre (60 % Kakaoanteil)
125 g Butter
100 g Mehl
90 g Puderzucker
100 g gemahlene Mandeln
5 Eier
20 g Zucker
Kakaopulver zum Bestäuben

Zubereitung Rührteig

Backofen auf 180 °C Ober- und Unterhitze vorheizen. Eine Springform (Ø 26 cm) mit Butter einfetten.

Die Kuvertüre fein hacken und mit der Butter über einem Wasserbad schmelzen. Mehl und Puderzucker separat sieben. Puderzucker mit gemahlenen Mandeln mischen.

3 Eier trennen. Eiweiß und Zucker mit einem Handrührgerät zu Schnee schlagen. Die restlichen Eier zum Eigelb geben und beiseitestellen.
Die geschmolzene Kuvertüre-Butter-Mischung vom Herd nehmen. Das Mandel-Puderzucker-Gemisch mit einem Teigschaber unterrühren. Eier und Eigelb zügig untermischen, bis die Masse sich verbindet und schön glänzt. Ein Drittel des Eischnees zügig unterrühren und den Rest abwechselnd mit dem Mehl unterheben.

Die Masse in die vorbereitete Form füllen und im vorgeheizten Backofen auf dem Rost auf der mittleren Schiene ca. 25–30 Minuten backen. Die Stäbchenprobe durchführen (siehe Seite 170). Den fertigen Kuchen aus dem Ofen nehmen, auf einem Kuchengitter etwas stehen lassen, aus der Form lösen und vollständig auskühlen lassen. Mit Kakaopulver bestäuben.

Tipp

Zur Weihnachtszeit können Sie den Schokoladenkuchen durch die Zugabe von je ½ TL Koriander, Piment, Zimt und Muskat schnell in einen Gewürzkuchen verwandeln.

Und kriegt die Kuh mal schlechtes Futter, gibt sie Margarine anstatt Butter.

Königskuchen

FÜR 16 KUCHENSTÜCKE

Rührteig

Butter und Mehl
für die Form
5 Eier
300g Zucker
300g weiche Butter
300g Mehl
125g Korinthen
125g Rosinen
100g Zitronat
50g rote Belegkirschen
50g gelbe Belegkirschen

Zubereitung Rührteig

Backofen auf 180°C Ober- und Unterhitze vorheizen. Eine Gugelhupfform (Ø 22cm) mit Butter einfetten und mit Mehl bestäuben. Überschüssiges Mehl anschließend abklopfen.

Die Eier trennen. Eiweiß steif schlagen, dabei 100g Zucker einrieseln lassen. Butter und restlichen Zucker mit einem Handrührgerät verrühren. Eigelb unter die Butter-Zucker-Masse rühren, dann das Mehl sieben und ebenfalls unterrühren.

Das steif geschlagene Eiweiß vorsichtig unter den Teig heben, die restlichen Zutaten zufügen und in die Gugelhupfform füllen. Im vorgeheizten Backofen auf dem Rost auf einer der unteren Schienen ca. 60 Minuten backen. Die Stäbchenprobe durchführen (siehe Seite 170). Fertigen Kuchen herausnehmen, kurz in der Form stehen lassen, dann stürzen und auskühlen lassen.

Tipp

Nach Belieben können Sie den Königskuchen vor dem Servieren noch mit Puderzucker bestäuben.

Gibt es Hühnereier keine, war'n die Hühner faule Schweine.

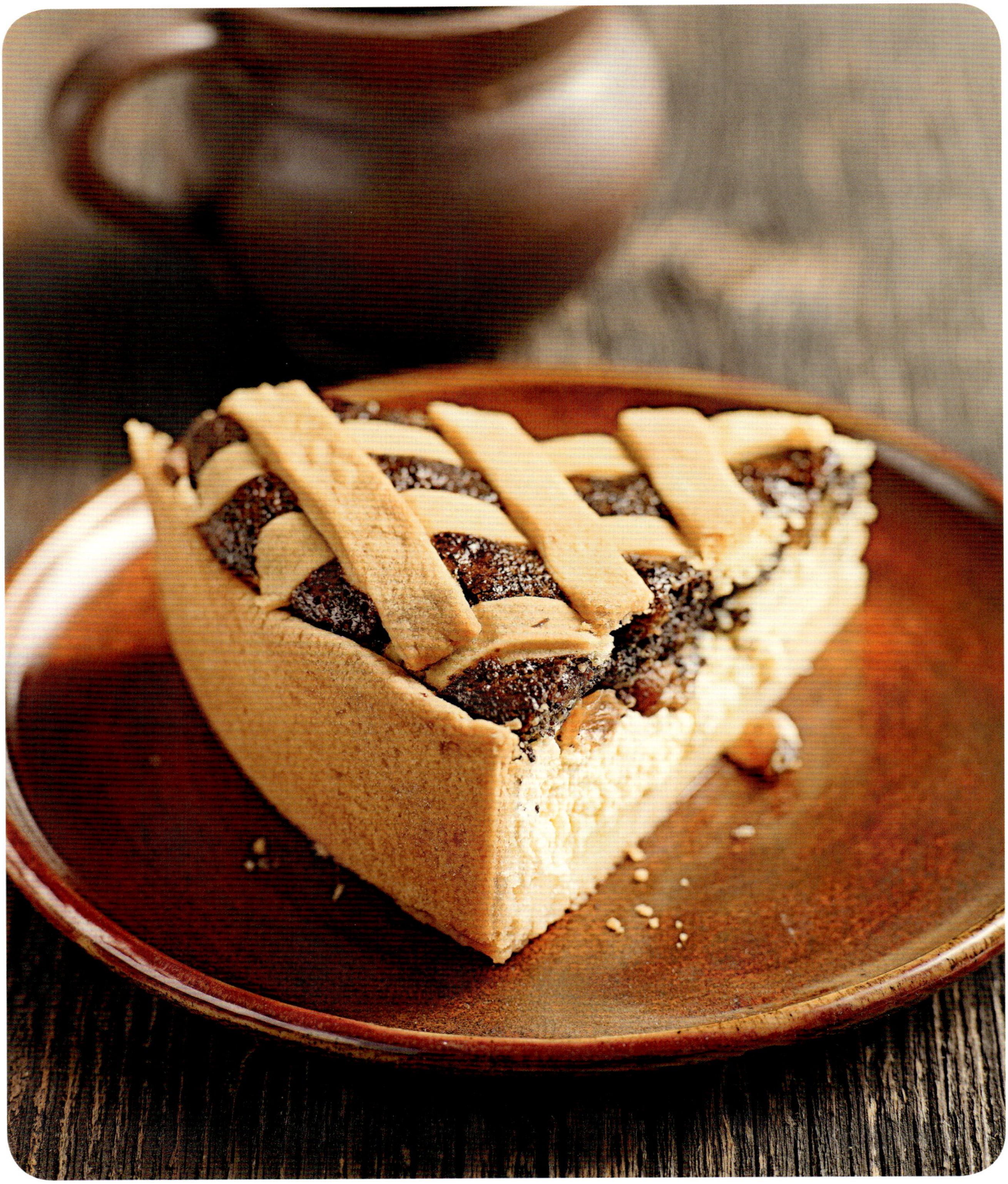

Mohn-Quark-Kuchen

FÜR 12 KUCHENSTÜCKE

Mürbeteig

225g weiche Butter
75g Zucker
1 Prise Salz
2 Eier
375g Mehl
½ TL Backpulver

Quarkbelag

75g Butter
2 Eier
750g Magerquark
150g Zucker
1 Prise Salz
Abrieb von
½ unbehandelten Zitrone

Mohnbelag

1 Päckchen backfertige
Mohnfüllung (250g)
2 EL flüssiger Honig
2 Eier
100g Rosinen

Zutaten Fertigstellung

Butter für die Form
Mehl zum Bearbeiten
3–4 geh. EL Aprikosen-
konfitüre

Zubereitung Mürbeteig

Butter, Zucker, Salz und Eier mit einem Handrührgerät verrühren. Mehl mit dem Backpulver dazusieben. Mit den Händen alles zu einem geschmeidigen Teig verkneten, zu einer Kugel formen, in Frischhaltefolie wickeln und mindestens 1 Stunde kalt legen.

Zubereitung Quarkbelag

Butter in einem Topf schmelzen und etwas abkühlen. Eier trennen, Eiweiß mit einem Handrührgerät steif schlagen. Quark mit Zucker, Eigelben, Salz, Zitronenabrieb und zerlassener Butter verrühren. Anschließend den Eischnee vorsichtig unterheben.

Zubereitung Mohnbelag

Mohnfüllung mit Honig, Eiern und Rosinen verrühren.

Fertigstellung

Backofen auf 180°C Ober- und Unterhitze vorheizen. Eine Springform (Ø 26cm) mit Butter einfetten. Zwei Drittel des Teigs auf einer leicht bemehlten Arbeitsfläche etwas größer als die Springform ausrollen, so in die Form legen, dass der Rand bedeckt ist.

Mit dem Quarkbelag bestreichen und den Mohnbelag darauf verteilen. Den restlichen Teig auf einer bemehlten Arbeitsfläche dünn ausrollen, mit einem Teigrad oder einem Messer etwa 1cm breite Streifen ausschneiden und diese als Gitter oben auf den Kuchen legen. Im vorgeheizten Backofen auf der mittleren Schiene ca. 50 Minuten backen.

Anschließend Aprikosenkonfitüre durch ein Sieb streichen, mit 3 EL Wasser unter Rühren einkochen. Sofort die Teigstreifen auf dem noch heißen Kuchen damit bestreichen. Kuchen abkühlen lassen.

Russischer Zupfkuchen

FÜR 12 KUCHENSTÜCKE

Mürbeteig

375 g Mehl
40 g Kakaopulver
3 gestr. TL Backpulver
200 g Zucker
1 Päckchen Vanillezucker
1 Ei
200 g weiche Butter
Butter für die Form

Füllung

500 g Magerquark
200 g Zucker
1 Päckchen Vanillezucker
3 Eier
1 Päckchen Vanillepuddingpulver
250 g flüssige Butter

Zutat Fertigstellung

Mehl zum Bearbeiten

Zubereitung Mürbeteig

Mehl, Kakaopulver und Backpulver in eine Rührschüssel sieben. Die übrigen Zutaten für den Teig hinzufügen und mit einem Handrührgerät mit Knethaken zu einem glatten Teig verkneten. Mit den Händen zu einer Kugel formen, in Frischhaltefolie wickeln und ca. 1 Stunde in den Kühlschrank legen.
Backofen auf 180 °C Ober- und Unterhitze vorheizen. Eine Springform (Ø 26 cm) mit Butter einfetten.
Etwa die Hälfte des Teigs auf dem Springformboden ausrollen. Vom übrigen Teig knapp die Hälfte zu einer langen Rolle formen, als Rand auf den Teigboden legen und so an die Form drücken, dass ein etwa 2 cm hoher Rand entsteht. Den restlichen Teig bis zur Fertigstellung wieder kalt legen.

Zubereitung Füllung

Sämtliche Zutaten mit einem Schneebesen zu einer einheitlichen Masse verrühren.

Fertigstellung

Die Quarkmasse in die Springform füllen und glatt streichen. Restlichen Teig auf einer leicht bemehlten Arbeitsfläche nicht zu dünn ausrollen, in kleine Stücke zupfen und auf der Füllung verteilen. Im vorgeheizten Backofen auf dem Rost auf mittlerer Schiene ca. 60 Minuten backen, danach in der Form auf einem Kuchenrost erkalten lassen.

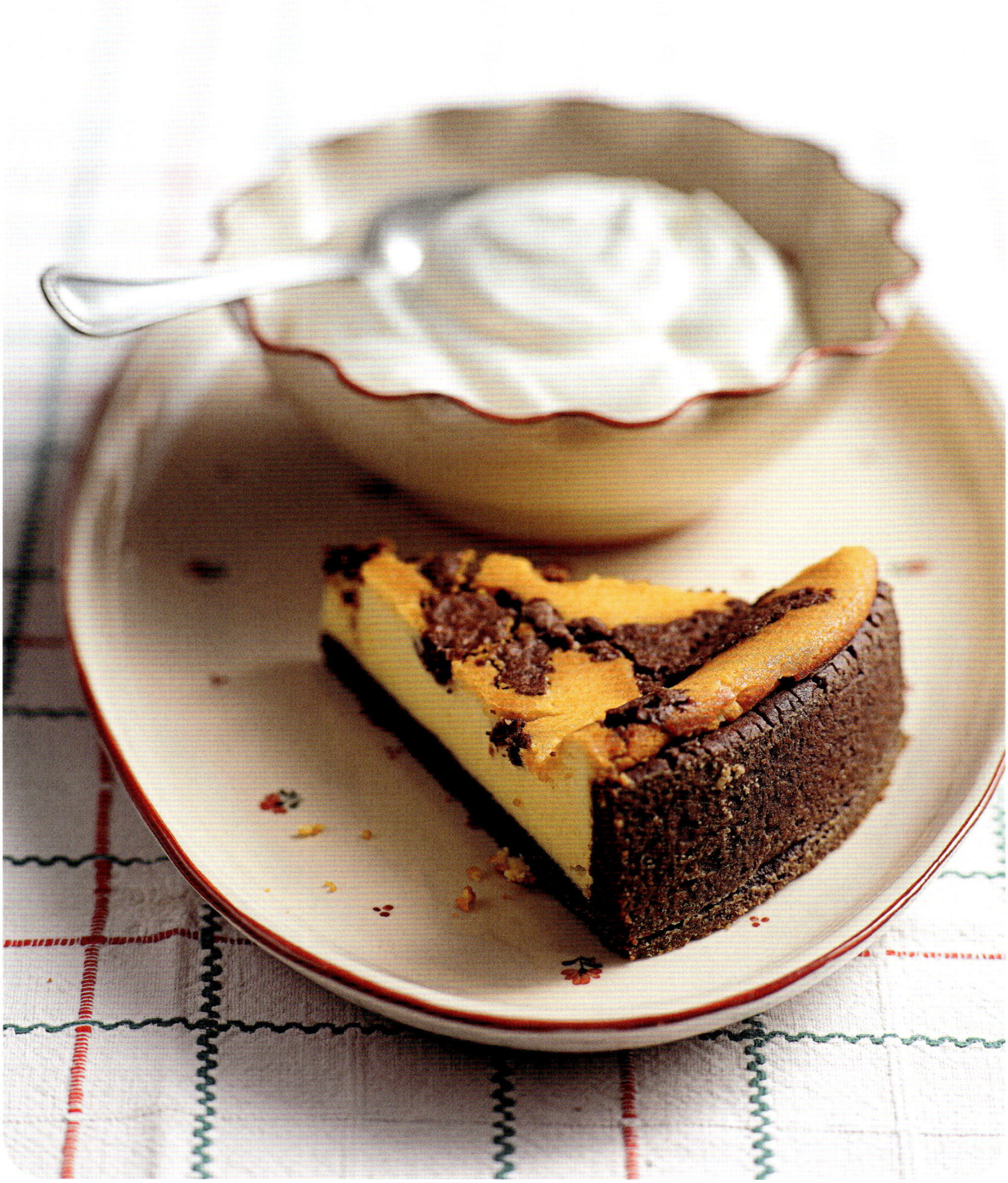

Käsekuchen ohne Boden

FÜR 12 KUCHENSTÜCKE

Zutaten

Butter für die Form
150 g weiche Butter
200 g Zucker
4 Eier
1 Päckchen Bourbon-vanillezucker
6 EL feiner Grieß
500 g Magerquark
500 g Frischkäse

Zubereitung

Backofen auf 180 °C Ober- und Unterhitze vorheizen. Eine Springform (Ø 26 cm) mit Butter einfetten.

Butter und Zucker mit einem Handrührgerät verrühren. Nach und nach die Eier unterrühren. Den Bourbonvanillezucker mit Grieß, Quark und Frischkäse unter die Eischaummasse rühren.

In die Springform füllen und im vorgeheizten Backofen auf dem Rost auf mittlerer Schiene ca. 50 Minuten backen. Kuchen herausholen und auskühlen lassen.

Tipp

Wird der Kuchen während des Backvorgangs auf der Oberfläche zu dunkel, decken Sie ihn mit einem Bogen Backpapier ab.

Nimmt die Magd die Eier fort, schrei'n die Hühner „Kindermord!"

Dresdner Eierschecke

FÜR 1 BACKBLECH

Hefeteig

400 g Mehl
25 g Hefe
125 ml lauwarme Milch
60 g weiche Butter
40 g Zucker
1 Prise Salz
Abrieb von
½ unbehandelten Zitrone
2 Eier
Butter zum Einfetten
Mehl zum Bearbeiten

Zubereitung Hefeteig

Mehl in eine Schüssel sieben und in die Mitte eine kleine Mulde drücken. Hefe hineinbröckeln und lauwarme Milch zufügen. Mit den restlichen Zutaten mit einem Handrührgerät mit Knethaken zu einem glatten Teig verkneten. Mit einem Tuch abdecken und an einem warmen Ort ca. 1 Stunde gehen lassen, bis sich der Teig sichtbar vergrößert hat.

Backofen auf 200 °C Ober- und Unterhitze vorheizen. Ein tiefes Backblech gut mit Butter einfetten.

Hefeteig auf einer bemehlten Arbeitsfläche nochmals durchkneten, auf Backblechgröße ausrollen und darauf legen. Den Rand etwas hoch drücken und den Teig mit einer Gabel mehrmals einstechen.

Quarkfüllung

1 Päckchen Vanillepuddingpulver
40 g Zucker
500 ml Milch
500 g Magerquark
65 g Rosinen

Zubereitung Quarkfüllung

Aus Puddingpulver, Zucker und Milch nach Packungsanweisung einen Pudding kochen. Den Pudding in eine Schüssel geben, mit Frischhaltefolie bedecken und abkühlen lassen. Quark und Rosinen unter den abgekühlten Pudding rühren. Die Quarkmasse gleichmäßig auf dem Teig verstreichen.

Eiercreme

180 g weiche Butter
150 g Zucker
1 Päckchen Bourbonvanillezucker
4 Eier
30 g Mehl
30 g gehobelte Mandeln

Zubereitung Eiercreme

Butter und Zucker mit einem Handrührgerät schaumig rühren, Bourbonvanillezucker zugeben und ein Ei unterrühren. Mehl zugeben. Nacheinander die restlichen Eier unterrühren. Die Eiercreme gleichmäßig auf der Quarkmasse verstreichen und mit den gehobelten Mandeln bestreuen. Im vorgeheizten Backofen auf mittlerer Schiene ca. 25–30 Minuten backen. Auskühlen lassen und in Stücke schneiden.

Streichelt beim Melken der Bauer die Kuh, gibt sie einen Liter noch dazu.

Bienenstich

LIEBLINGSKUCHEN VON BAUER TORSTEN

FÜR 1 BACKBLECH

Hefeteig

500 g gesiebtes Mehl
1 Würfel Hefe (42 g)
250 ml lauwarme Milch
80 g Zucker
2 TL Vanillezucker
2 Prisen Salz
2 Eier
1 TL Zitronenabrieb
100 g weiche Butter
Butter zum Einfetten
Mehl zum Bearbeiten

Bienenstichmasse

130 g Butter
130 g Zucker
40 ml Sahne
2 TL Honig
130 g gehobelte Mandeln

Vanillecreme

6 Blatt Gelatine
70 g Speisestärke
750 ml Milch
6 Eier
150 g Zucker
1 Päckchen Bourbon-vanillezucker

Zubereitung Hefeteig

Alle angegebenen Zutaten mit einem Handrührgerät mit Knethaken zu einem glatten Teig verkneten. Den Teig mit einem Tuch abdecken und ca. 1 Stunde an einem warmen Ort gehen lassen, bis sich das Teigvolumen deutlich vergrößert hat. Ein Backblech mit Butter einfetten. Den Hefeteig auf einer leicht bemehlten Arbeitsfläche nochmals durchkneten, auf die Größe des Backblechs ausrollen, dann auf das Blech legen und mit einer Gabel mehrmals einstechen.

Zubereitung Bienenstichmasse

Backofen auf 180 °C Ober- und Unterhitze vorheizen. Zutaten, allerdings ohne Mandeln, in einem kleinen Topf aufkochen und etwas einkochen lassen. Von der Kochstelle nehmen, gehobelte Mandeln vorsichtig unterrühren und abkühlen lassen. Die Bienenstichmasse gleichmäßig auf dem Hefeteig verstreichen und erneut ca. 15 Minuten an einem warmen Ort gehen lassen. Anschließend im vorgeheizten Backofen auf mittlerer Schiene ca. 30 Minuten backen. Vollständig auskühlen lassen, dann waagerecht aufschneiden und den oberen Boden zur Seite legen. Um den unteren Boden einen Backrahmen stellen.

Zubereitung Vanillecreme

Gelatine in kaltem Wasser einweichen. Speisestärke mit etwas kalter Milch anrühren. Eier trennen. Eiweiß und Zucker mit einem Handrührgerät zu nur leicht steifem Eischnee schlagen. 3 Eigelb zur Speisestärke geben und glatt rühren. Restliche Milch mit Bourbonvanillezucker aufkochen. Den Speisestärken-Ansatz mit einem Schneebesen unterrühren und unter ständigem Rühren zu einer Creme kochen. Vom Herd nehmen und die ausgedrückte Gelatine unter Rühren darin auflösen. Den Eischnee vorsichtig mit einem Teigschaber unterheben. Die Vanillecreme direkt auf den Kuchenboden geben und verstreichen. Leicht abkühlen lassen, damit die Creme fest wird. Erst dann die obere Hälfte des Bienenstichs auflegen. Ca. 1 Stunde kalt stellen. Anschließend den Backrahmen entfernen.

Apfel-Wein-Kuchen

FÜR 1 BACKBLECH

Mürbeteig

125 g weiche Butter
100 g Zucker
1 Ei
250 g gesiebtes Mehl
2 TL Backpulver

Belag

1 kg Äpfel
2 EL Zitronensaft
2 Päckchen Vanillepuddingpulver
750 ml Weißwein
125 g Zucker

Zutaten Fertigstellung

Butter zum Einfetten
400 ml Sahne
evtl. 100 g Krokant

Zubereitung Mürbeteig

Butter, Zucker, Ei, Mehl und Backpulver mit einem Handrührgerät mit Knethaken zu einem glatten Teig verkneten. Zu einer Kugel formen, in Frischhaltefolie wickeln und ca. 1 Stunde kühl stellen.

Zubereitung Belag

Äpfel schälen, Kerngehäuse entfernen und in Achtel schneiden. Mit ein wenig Zitronensaft beträufeln, damit sie nicht braun werden. Das Puddingpulver in etwas Weißwein anrühren. Den restlichen Weißwein zusammen mit dem Zucker zum Kochen bringen, das Puddingpulver einrühren, erneut aufkochen und von der Kochstelle ziehen.

Fertigstellung

Backofen auf 180 °C Ober- und Unterhitze vorheizen. Ein tiefes Backblech mit Butter einfetten und mit Backpapier auslegen. Den Teig auf dem Backblech ausrollen.
Die Äpfel gleichmäßig auf dem Teig verteilen. Mit dem Pudding bedecken und im vorgeheizten Backofen auf mittlerer Schiene ca. 35–45 Minuten backen. Herausnehmen und auskühlen lassen.
Sahne steif schlagen und gleichmäßig auf dem ausgekühlten Kuchen verstreichen. Nach Wunsch mit Krokant verzieren.

Auf Sankt Gallentag muss jeder Apfel in seinen Sack. (16. Oktober)

Apfel-Florentiner-Kuchen

FÜR 12 KUCHENSTÜCKE

Biskuitteig

Butter für die Form
6 Eier
150g Zucker
160g Mehl
40g flüssige Butter

Zubereitung Biskuitteig

Backofen auf 180°C Ober- und Unterhitze vorheizen. Eine Springform (Ø 26cm) mit Butter einfetten. Den Springformboden mit Backpapier auslegen. Einen Backpapierstreifen passend für den Rand zuschneiden und diesen damit auslegen. Die Eier zusammen mit dem Zucker in einer Schüssel cremig aufschlagen. Mehl dazusieben und mit einem Teigschaber unterheben. Die flüssige Butter einlaufen lassen und unterrühren. Die Masse in die Springform füllen und im vorgeheizten Backofen auf dem Rost auf mittlerer Schiene ca. 30 Minuten backen. Aus der Form lösen, stürzen, auskühlen lassen, das Backpapier abziehen und den Boden einmal waagerecht durchschneiden.

Füllung

1 Päckchen Vanille-
puddingpulver
500ml Milch
40g Zucker
700g Äpfel (z.B. Boskop)
10g Saftstopp
50g Rosinen

Zubereitung Füllung

Den Vanillepudding nach Packungsanweisung mit Milch und Zucker zubereiten. Auskühlen lassen und die Hälfte davon anderweitig verwenden.

Äpfel waschen, schälen, das Kerngehäuse entfernen, grob reiben und mit dem Saftstopp mischen. Zum Schluss die Hälfte des Vanillepuddings und die Rosinen unter die Äpfel rühren.

Florentinermasse

50g Butter
50g Zucker
1 EL Honig
70ml Sahne
65g gehobelte Mandeln

Zubereitung Florentinermasse

Butter, Zucker, Honig und Sahne in einen Topf geben, aufkochen und fast sirupartig bräunlich einkochen. Den Topf vom Herd nehmen, die Mandeln unterrühren und die Masse gleichmäßig auf einem der Biskuitböden verstreichen.
Den anderen Biskuitboden wieder in die Springform legen und mit der Apfelfüllung bestreichen. Dann den Florentinerboden auflegen und den Kuchen im vorgeheizten Backofen auf mittlerer Schiene weitere 35 Minuten backen. Eventuell nach 25 Minuten mit Backpapier abdecken, damit die Mandelschicht nicht zu dunkel wird.

Apfelstrudel

FÜR 12 STRUDELSTÜCKE

Strudelteig

125 g Mehl
1 Prise Salz
70 ml Wasser
1 EL Öl

Füllung

3 Äpfel (z. B. Boskop)
40 g Zucker
60 g fein gemahlene Zwieback- oder Butterkeksbrösel
2 Prisen Zimt
25 g gehobelte Mandeln
25 g Rosinen
1 TL Zitronenabrieb
2 TL Zitronensaft

Zutaten Fertigstellung

Butter zum Einfetten
Mehl zum Bearbeiten
50 g flüssige Butter
Puderzucker zum Bestäuben

Zubereitung Strudelteig

Mehl in eine Schüssel sieben. Salz, Wasser und Öl zugeben und mit einem Handrührgerät mit Knethaken zu einem glatten Teig verkneten. Den Teig zu einer Kugel formen, in Frischhaltefolie wickeln und bei Zimmertemperatur ca. 2 Stunden ruhen lassen.

Zubereitung Füllung

Äpfel waschen, Kerngehäuse entfernen und in kleine Stücke schneiden. Mit den restlichen Zutaten in eine Schüssel geben und alles miteinander vermischen.

Fertigstellung

Backofen auf 180 °C Ober- und Unterhitze vorheizen. Ein Backblech mit Backpapier auslegen und dieses in der Mitte leicht mit Butter einfetten.
Strudelteig auf einer leicht bemehlten Arbeitsfläche so weit wie möglich mit einer Teigrolle ausrollen. Ein großes Tuch auslegen, leicht mit Mehl bestreuen, den Teig darauf hauchdünn ausziehen und mit etwas zerlassener Butter bestreichen.

Die Füllung auf dem unteren Drittel der Länge nach verteilen. Teig von der Kante aus über die Füllung ziehen, Teigkanten einschlagen, und die Füllung wie ein Päckchen einwickeln. Dann mithilfe des Tuchs den Strudel vorsichtig straff aufrollen und mit der Naht nach unten auf das Blech legen, nochmals nachformen und wiederum mit etwas flüssiger Butter bestreichen. Im vorgeheizten Backofen auf mittlerer Schiene ca. 35 Minuten backen. Währenddessen 2–3 Mal mit flüssiger Butter bestreichen. Anschließend kurz auskühlen lassen und vor dem Servieren mit Puderzucker bestäuben.

Tipp

Sie können den Apfelstrudel auch mit fertigem Strudelteig zubereiten. Diesen gibt es im gut sortierten Supermarkt in der Kühltheke.

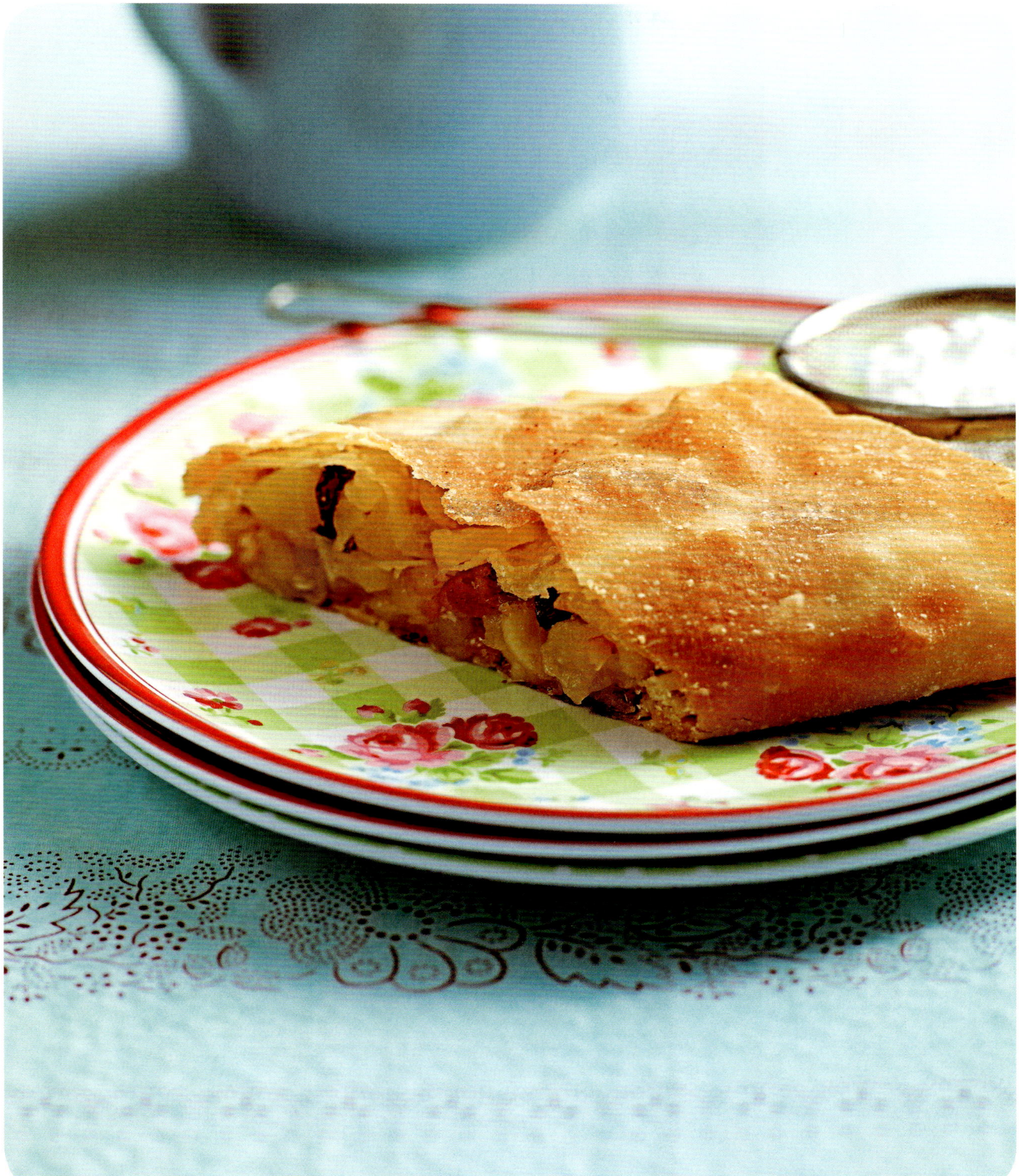

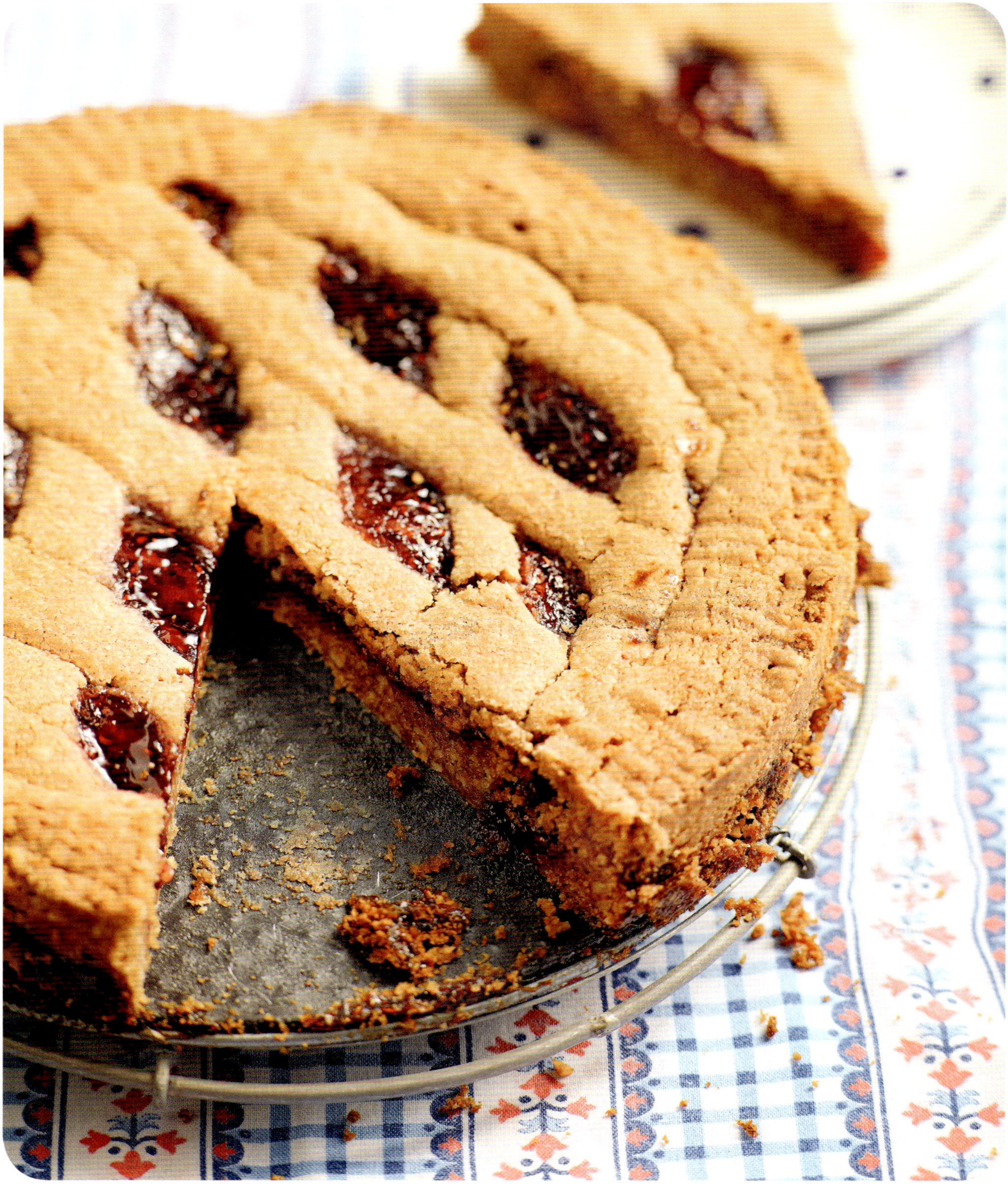

Linzer Torte

FÜR 12 KUCHENSTÜCKE

Zutaten

225 g weiche Butter
250 g Zucker
2 Eier
125 g gesiebtes Mehl
125 g gesiebte Speisestärke
10 g Backpulver
125 g gemahlene Haselnüsse
125 g gemahlene Mandeln
½ TL Zimt
½ TL Zitronenabrieb
1 EL Kakaopulver
1 Prise Salz
250 g rote Konfitüre (z. B. Himbeer)
Butter für die Form
Mehl zum Bearbeiten

Zubereitung

Alle Zutaten, bis auf die Konfitüre, mit einem Handrührgerät mit Knethaken zu einem glatten Teig verkneten. In Frischhaltefolie einwickeln und mindestens 2 Stunden kalt legen, am besten jedoch über Nacht.

Backofen auf 180 °C Ober- und Unterhitze vorheizen. Eine Springform (Ø 26 cm) mit Butter einfetten.

Zwei Drittel vom Teig abstechen und auf dem Springformboden ausrollen. Überstehende Reste abschneiden, mit dem restlichen Teig vermengen und bis zur weiteren Verarbeitung kalt legen. Die Konfitüre glatt rühren und auf den ausgerollten Teigboden streichen.

Den restlichen Teig aus dem Kühlschrank nehmen und auf einer leicht gemehlten Arbeitsfläche mit einer Teigrolle dünn ausrollen. Mit einem Teigrad oder einem scharfen Messer ca. 20 Stränge von 1,5 cm Breite schneiden. Die Hälfte der Stränge im Abstand von 3 cm nebeneinander auf die Konfitüre legen, den Rest so auflegen, dass ein Rautenmuster entsteht. Die überstehenden Teigstücke abschneiden. Den Springformrand um den Boden stellen. Den restlichen Teig zu einer dünnen Rolle formen, im Kreis in die Form legen und mit einer Gabel andrücken.

Im vorgeheizten Backofen auf dem Rost auf mittlerer Schiene ca. 50 Minuten backen. Anschließend erst auf einem Kuchengitter auskühlen lassen und dann die Springform vorsichtig lösen.

Lieblingskuchen von Bauer Furthi

Zitronen-Biskuitrollen

FÜR 12 KUCHENSTÜCKE

Biskuitteig

Butter zum Einfetten
5 Eier
1 Eigelb
75g Zucker
90g Mehl
100g Zucker zum Bestreuen

Zubereitung Biskuitteig

Backofen auf 200 °C Ober- und Unterhitze vorheizen. Ein Backblech einfetten und mit Backpapier belegen, dabei das Backpapier an der offenen Seite des Backblechs so zu einer Falte knicken, dass ein Rand entsteht.
Eier und Eigelb mit einem Handrührgerät auf höchster Stufe schaumig schlagen. Zucker unter Rühren einstreuen. Mehl sieben und kurz auf niedrigster Stufe unterrühren. Die Biskuitmasse auf dem Backblech gleichmäßig verstreichen und im vorgeheizten Backofen auf mittlerer Schiene ca. 15 Minuten backen. Anschließend die obere Seite mit Zucker bestreuen und mit einem zweiten Backpapierbogen bedecken. Ein Kuchengitter auflegen und das Blech mit dem Biskuit auf das Gitter wenden. Das Blech abnehmen und den Boden auskühlen lassen.

Creme

2 unbehandelte Zitronen
2 Eier
100g weiche Butter
100g Zucker

Zubereitung Creme

Die Zitronen heiß abwaschen, trocken reiben, die Schale mit einem Zestenreißer abziehen oder fein abreiben und den Saft auspressen. Die Schale mit den restlichen Zutaten in einem Topf erhitzen, aber nicht aufkochen. Von der Kochstelle nehmen, durch ein Sieb streichen und abkühlen lassen. Die Creme mit Frischhaltefolie abdecken, abkühlen lassen und kalt stellen.

Zutat Fertigstellung

Puderzucker zum Bestäuben

Fertigstellung

Das Backpapier vorsichtig vom Biskuit abziehen und die kalte Creme gleichmäßig darauf verstreichen. Mit einem Messer die Biskuitplatte der Länge nach durchschneiden und beide Biskuits einrollen.
Die Zitronenrollen ca. 1 Stunde kalt stellen, anschließend an den Rändern gerade schneiden und mit Puderzucker bestäuben.

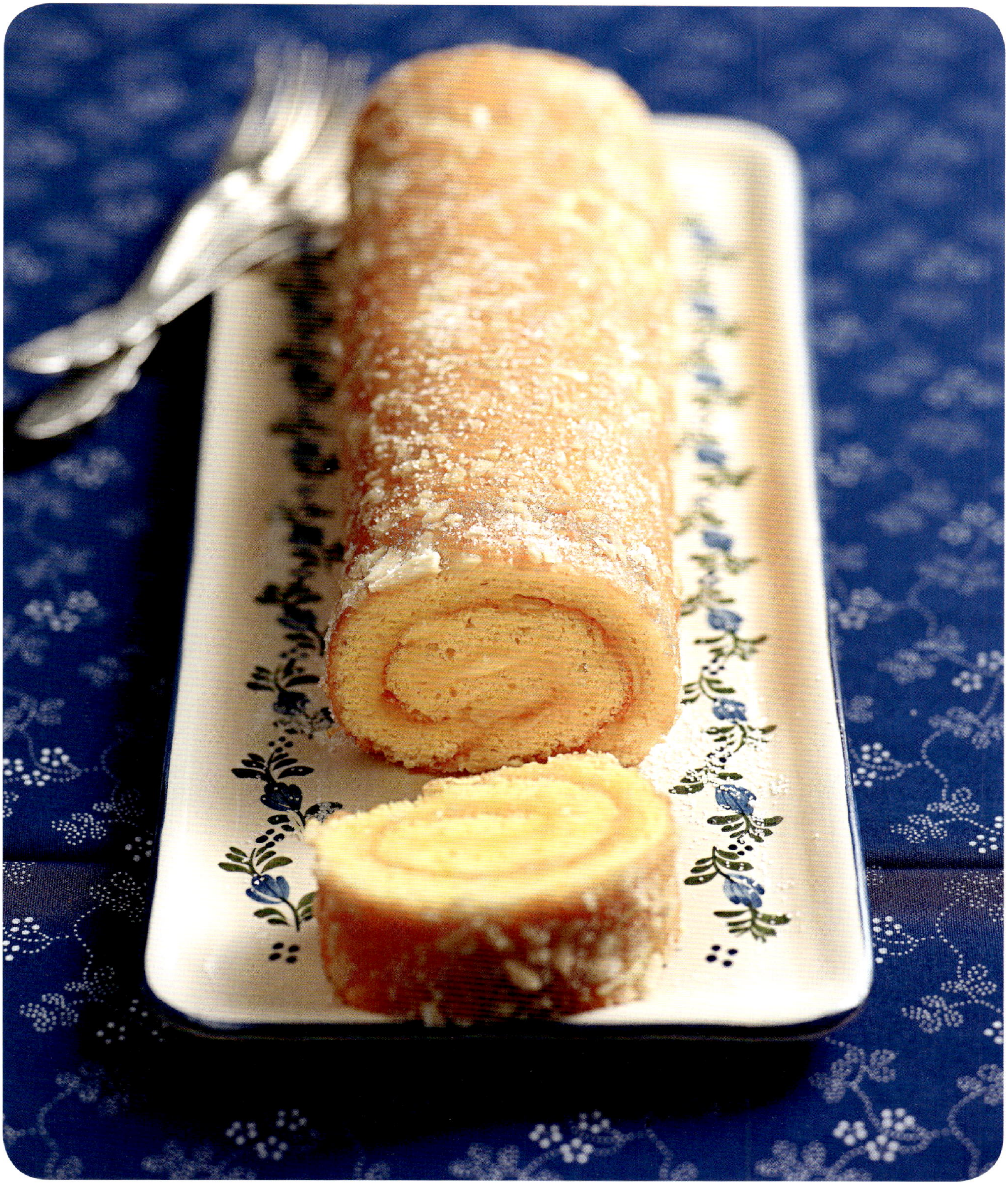

Der Bauer hasst es ums Verrecken, tut sein Huhn das Ei verstecken!

Frankfurter Kranz

LIEBLINGSKUCHEN VON BAUER GEORG

FÜR 12 TORTENSTÜCKE

Biskuitteig

Butter für die Form
7 Eier
180 g Zucker
180 g Mehl
50 g flüssige Butter

Zubereitung Biskuitteig

Backofen auf 180 °C Ober- und Unterhitze vorheizen. Eine Kranzform (Ø 26 cm) mit Butter einfetten.
Eier mit einem Handrührgerät auf höchster Stufe schaumig schlagen. Zucker unter Rühren einstreuen. Mehl sieben und kurz auf niedrigster Stufe unterrühren. Zum Schluss die flüssige Butter mit einem Teigschaber vorsichtig unterheben. Den Teig in die Form füllen und im vorgeheizten Backofen auf dem Rost auf mittlerer Schiene ca. 25 Minuten backen.

Buttercreme

20 g Speisestärke
400 ml Milch
3 Eigelb
75 g Zucker
1 Päckchen Bourbonvanillezucker
250 g weiche Butter
20 ml Rum

Zubereitung Buttercreme

Speisestärke mit etwas kalter Milch anrühren, Eigelbe zugeben und glatt rühren. Restliche Milch, Zucker und Bourbonvanillezucker aufkochen, angerührte Speisestärke zugeben und unter ständigem Rühren mit einem Schneebesen zu einer Creme kochen. In eine Schüssel füllen, mit Frischhaltefolie abdecken und auskühlen lassen.
Die Butter mit einem Handrührgerät gut aufschlagen, die Creme nach und nach dazugeben und zum Schluss den Rum unterrühren.

Zutaten Fertigstellung

3 EL Rum
3 EL Johannisbeergelee
200 g Mandelkrokant
6 kandierte Kirschen

Fertigstellung

Den Biskuitboden zweimal waagerecht durchschneiden, sodass drei Tortenböden entstehen und diese mit Rum beträufeln. Den ersten Boden mit Johannisbeergelee und dann mit einem Viertel der Creme bestreichen. Den zweiten auflegen und diesen mit einem Viertel Creme bestreichen. Den dritten Boden auflegen. Etwa 50 g von der Creme für die Dekoration beiseitestellen, den Kranz vollständig mit der restlichen Creme einstreichen und mit Krokant bestreuen.
Restliche Creme in einen Spritzbeutel mit kleiner Sterntülle füllen. Den Kuchen mit Rosetten dekorieren und diese jeweils mit einer halbierten kandierten Kirsche belegen. Ca. 2 Stunden kalt stellen.

LIEBLINGSKUCHEN VON BAUER RAINER

Gefüllter Nusskranz

FÜR 12 STÜCKE

Quark-Öl-Teig

Butter zum Einfetten
250 g Schichtkäse (ersatzweise Quark, 20 % Fett)
6 EL Milch
1 Ei
125 ml neutrales Öl
100 g Zucker
1 EL Vanillezucker
1 Prise Salz
425 g Mehl
1 Päckchen Backpulver
Mehl zum Bearbeiten

Füllung

100 g fein gehacktes Orangeat
250 g gehackte Haselnüsse
Abrieb von ½ unbehandelten Zitrone
50 g Zucker
4 EL Sahne

Zutaten Fertigstellung

100 g Marzipanrohmasse
1 Eigelb
1 EL Sahne

Zubereitung Quark-Öl-Teig

Backofen auf 180 °C Ober- und Unterhitze vorheizen. Ein Backblech gut mit Butter einfetten.

Schichtkäse über einem Sieb etwas abtropfen lassen, dann mit Milch, Ei, Öl, Zucker, Vanillezucker und Salz in eine Schüssel geben und mit einem Handrührgerät verrühren.

Das Mehl sieben, mit dem Backpulver mischen, löffelweise unter die Quarkmasse mengen.

Zuletzt den Teig mit einem Handrührgerät mit Knethaken oder mit den Händen gut durchkneten und auf einer bemehlten Arbeitsfläche zu einem 80 × 20 cm langen Streifen ausrollen.

Zubereitung Füllung

Alle Zutaten mit einem Handrührgerät verrühren.

Fertigstellung

Marzipan in dünne Scheiben schneiden und der Länge nach in die Mitte des Teigstreifens legen. Die Füllung darauf verteilen.

Den Teig von beiden Seiten über der Füllung zusammenklappen und gut andrücken. Mit der Naht nach unten auf das Backblech legen, einen Kranz formen und die Enden fest zusammendrücken.

Eigelb und Sahne verquirlen, den Kranz damit bestreichen und zickzackförmig mit einer Küchenschere einschneiden. Den Nusskranz im vorgeheizten Backofen auf mittlerer Schiene ca. 50 Minuten backen. Herausnehmen und vollständig erkalten lassen.

Im Juli den Regen entbehren zu müssen, das hilft zu kräftigen Kernen in den Nüssen.

Engadiner Nusstorte

FÜR 12 TORTENSTÜCKE

Mürbeteig

275 g Mehl
1 gestr. TL Backpulver
100 g Zucker
1 Päckchen Vanillezucker
1 Prise Salz
1 Ei
150 g weiche Butter

Füllung

225 g Zucker
250 g gehackte Walnüsse
200 ml Sahne
1–2 EL flüssiger Honig
1 Eiweiß

Zutaten Fertigstellung

Butter für die Form
Mehl zum Bearbeiten
1 Eigelb
1 EL Wasser
Puderzucker zum Bestäuben

Zubereitung Mürbeteig

Mehl mit Backpulver mischen und in eine Schüssel sieben. Die übrigen Zutaten für den Teig hinzufügen und alles mit einem Handrührgerät mit Knethaken zu einem glatten Teig verkneten. Anschließend mit den Händen zu einer Kugel formen, in Frischhaltefolie wickeln und bis zur Weiterverarbeitung in den Kühlschrank legen.

Zubereitung Füllung

Den Zucker in einer Pfanne bei mittlerer Hitze auflösen und karamellisieren – erst mit einem Holzlöffel umrühren, wenn der Zucker beginnt sich aufzulösen. So lange rühren, bis der Zucker hellbraun ist. Walnüsse und Sahne nacheinander unterrühren und aufkochen. Den Honig zugeben und die Masse etwas abkühlen lassen. Dann das Eiweiß unterrühren.

Fertigstellung

Backofen auf 180 °C Ober- und Unterhitze vorheizen. Den Boden einer Springform (Ø 26 cm) mit Butter einfetten.
Die Hälfte des Teigs auf dem Boden der Springform ausrollen. Den Springformrand darum stellen. Zwei Drittel des restlichen Teigs auf einer leicht bemehlten Arbeitsfläche in der Größe der Springform rund ausrollen. Den übrigen Teig zu einer langen Rolle formen, als Rand auf den Boden legen und so an die Form drücken, dass ein etwa 2 cm hoher Rand entsteht.

Die Füllung gleichmäßig auf dem Teigboden verstreichen. Den Teigkreis darauf legen, am Rand etwas andrücken und mit einer Gabel mehrmals einstechen. Das Eigelb mit Wasser verquirlen und die Teigplatte damit bestreichen. Im vorgeheizten Backofen auf dem Rost auf mittlerer Schiene ca. 45 Minuten backen.
Aus dem Backofen nehmen, etwas abkühlen lassen. Den Springformrand lösen und entfernen. Die Torte vom Springformboden lösen und auf einem Kuchenrost auskühlen lassen. Vor dem Servieren mindestens 1 Tag durchziehen lassen und mit Puderzucker bestäuben.

Kalter Hund

FÜR 15 KUCHENSTÜCKE

Zutaten

250g Kokosfett
2 Eier
100g Zucker
1 EL Vanillezucker
50g Kakaopulver
4 EL Milch
50g grob gemahlene Mandeln
300g Butterkekse

Zubereitung

Kokosfett bei schwacher Hitze zerlassen. Eier, Zucker, Vanillezucker, Kakao und Milch miteinander verquirlen. Das lauwarme Fett mit den Mandeln zusammen unter die Masse mischen.

Eine Kastenform (26 cm) mit Alufolie oder Backpapier auslegen und mit einer dünnen Schicht Schokocreme bedecken. Eine Lage Butterkekse hineingeben, mit der Creme bestreichen und eine weitere Schicht Butterkekse darauf legen. So fortfahren, bis alle Kekse und die ganze Creme aufgebraucht sind. Eventuell beschweren und im Kühlschrank mindestens 4 Stunden fest werden lassen.

Den Kekskuchen aus der Form stürzen, das Papier oder die Folie abziehen und in ca. 1 cm dicke Scheiben schneiden. Im Kühlschrank aufbewahren.

Kippt der Bauer Milch in'n Tank, wird der Trecker sterbenskrank!

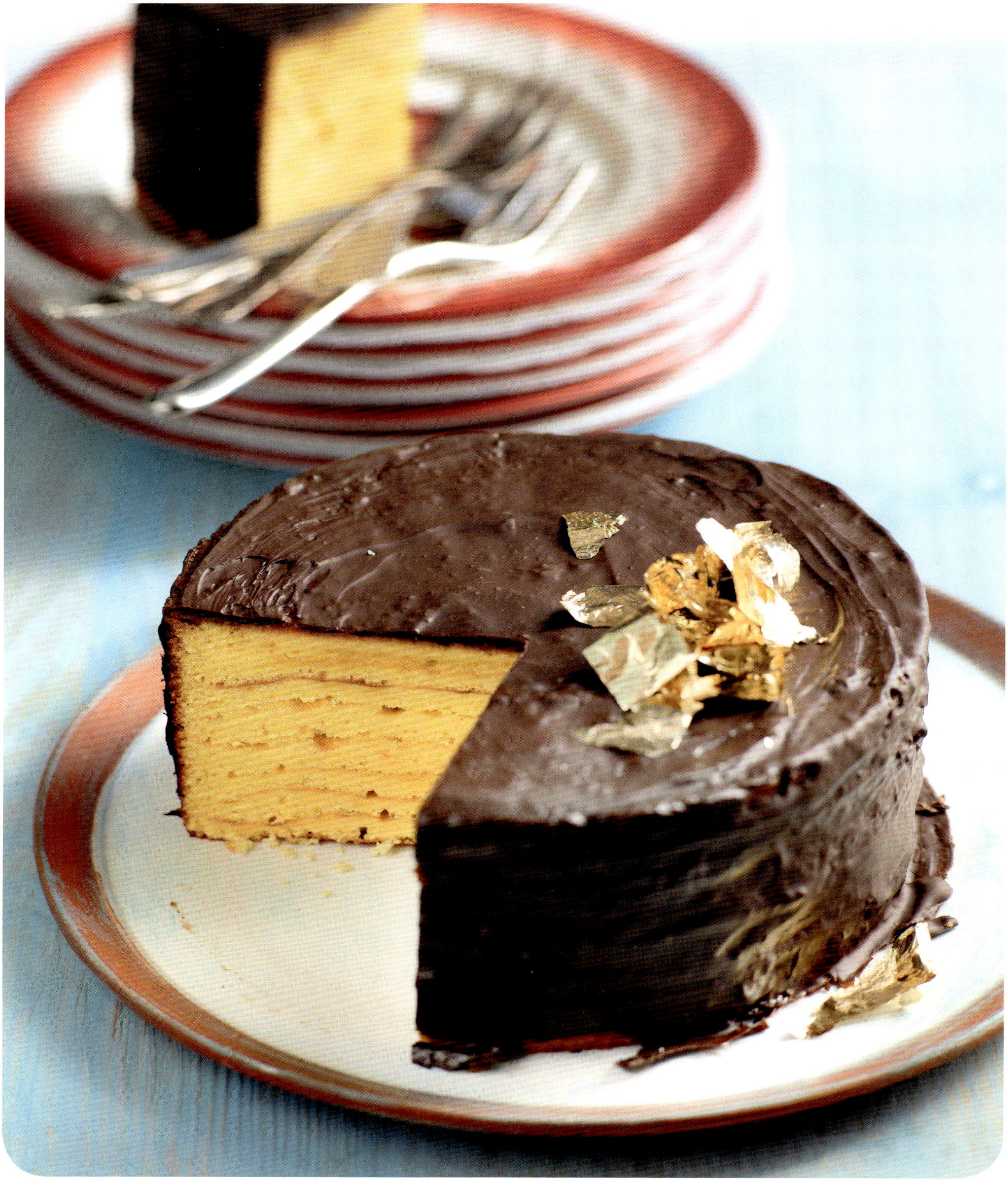

Baumkuchen

FÜR 12 KUCHENSTÜCKE

Baumkuchenteig

Butter zum Einfetten
6 Eier
2 Eiweiß
170 g Zucker
180 g weiche Butter
30 g Marzipanrohmasse
1 TL Zitronenabrieb
1 TL Orangenabrieb
1 Prise Salz
90 g Mehl
90 g Speisestärke

Zubereitung Baumkuchenteig

Backofengrill auf 240 °C vorheizen. Den Boden einer Springform (Ø 22 cm) mit Butter einfetten und mit Backpapier auslegen.

Eier trennen. Das gesamte Eiweiß mit 80 g Zucker zu Eischnee schlagen. Butter, restlichen Zucker, Marzipanrohmasse, Zitronen- und Orangenabrieb sowie Salz mit einem Handrührgerät schaumig schlagen. Nach und nach Eigelbe unterrühren.

Eine kleine Portion Eischnee mit einem Teigschaber zügig unterrühren, dann den restlichen Eischnee im Wechsel mit gesiebtem Mehl und Speisestärke behutsam unter die Masse heben.

Mit einer Schöpfkelle etwas Masse in die Form geben und gleichmäßig verteilen. Die Form auf einem Backblech auf der obersten Schiene unter den Backofengrill schieben und ca. 3 Minuten hell anbacken. Dann die nächste Schicht auftragen. Die Form wieder unter den Grill schieben und ca. 2 Minuten hell anbacken. Die weiteren Schichten ebenso auftragen und backen.

Auf einem Kuchengitter etwas stehen lassen, aus der Form stürzen, Backpapier abziehen und vollständig auskühlen lassen.

Zutaten Fertigstellung

4 EL Aprikosenkonfitüre
200 g Zartbitterkuvertüre

Fertigstellung

Die Aprikosenkonfitüre in einem kleinen Topf erwärmen und die Torte dünn damit bestreichen. Zartbitterkuvertüre über einem Wasserbad schmelzen und den Kuchen gleichmäßig überziehen.

Tipp

Für besondere Gelegenheiten können Sie den Baumkuchen mit ein wenig Blattgold dekorieren. Oder: Mit einer Schablone, z. B. Herz oder Tannenbaum, zaubern Sie schnell Muster auf den Baumkuchen. Dazu die Schablone auf den Kuchen legen, mit Puderzucker bestäuben, Schablone abnehmen – fertig!

Nusszopf

FÜR 1 NUSSZOPF

Hefeteig

500g Mehl
1 Würfel Hefe (42g)
50g Zucker
1 Prise Salz
2 Eier
125ml lauwarme Milch
100g weiche Butter
Mehl zum Bearbeiten

Zubereitung Hefeteig

Mehl in eine große Schüssel sieben. In die Mitte eine Mulde drücken und die Hefe in diese hineinbröckeln. Die übrigen Zutaten zufügen und mit einem Handrührgerät mit Knethaken zu einem glatten Teig verkneten. Zugedeckt an einem warmen Ort ca. 2–3 Stunden gehen lassen, bis sich das Teigvolumen sichtbar vergrößert hat.
Ein Backblech mit Backpapier belegen.
Den Hefeteig in zwei Portionen teilen und beide auf einer leicht bemehlten Arbeitsfläche zu einer Größe von 25×30cm ausrollen.

Füllung

300g grob gehackte Haselnüsse
50g gehackte Walnüsse
50g Semmelbrösel
100g Zucker
125ml Rum

Zubereitung Füllung

Nüsse mit Semmelbröseln, Zucker und Rum vermischen. Die Füllung gleichmäßig auf den Teigen verteilen und diese dann von der längeren Seite her aufrollen. Die beiden Teigrollen miteinander verschlingen und die Enden jeweils andrücken. Auf das Backblech setzen und zugedeckt eine weitere Stunde gehen lassen. Dann im vorgeheizten Backofen auf mittlerer Schiene bei 180°C Ober- und Unterhitze ca. 45 Minuten backen. Aus dem Ofen nehmen und auskühlen lassen.

Zutaten Fertigstellung

100g Puderzucker
2 EL Rum

Fertigstellung

Puderzucker mit Rum glatt rühren und den fertigen Nusszopf damit bestreichen.

Um Mariä Himmelfahrt, das wisse, gibt es die ersten Nüsse.

Quarkstollen

FÜR 1 STOLLEN

Fruchtmischung

50 g gehackte getrocknete Pflaumen
50 g gehackte getrocknete Birnen
50 g gehackte getrocknete Aprikosen
100 g Sultaninen
50 g Walnüsse
50 g Haselnüsse
80 ml Zwetschgenwasser

Stollenteig

125 ml lauwarme Milch
1 Würfel Hefe (42 g)
20 g Honig
100 g Zucker
Mark von 1 Vanilleschote
Abrieb von 1 unbehandelten Zitrone
150 g Quark (20 % Fett)
500 g gesiebtes Mehl
1 Prise Salz
125 g weiche Butter
Mehl zum Bearbeiten
500 g zerlassene Butter zum Bestreichen
Zucker zum Bestreuen

Zubereitung Fruchtmischung

Alle Zutaten gut vermengen und zugedeckt an einem warmen Ort zwei bis drei Tage durchziehen lassen.

Zubereitung Stollenteig

Milch in eine Schüssel geben, Hefe und Honig zugeben, darin auflösen und ca. 20 Minuten an einem warmen Ort gehen lassen. Zucker, Vanillemark, Zitronenabrieb und Quark zugeben und gut unterrühren. Mehl mit Salz mischen, hinzugeben und alles mit einem Handrührgerät mit Knethaken zu einem glatten Teig kneten. Erneut ca. 20 Minuten gehen lassen. Anschließend erst die Butter, dann die Fruchtmischung kurz unterkneten.

Ein Backblech mit Backpapier auslegen.

Den Stollenteig auf einer leicht bemehlten Arbeitsfläche zu einem Rechteck ausrollen und von der Längsseite her aufrollen. Nun mithilfe einer Teigrolle der Länge nach eine Vertiefung in den Stollen drücken und die linke Seite leicht versetzt auf die rechte schlagen. Den entstandenen mittleren Teil mit den Händen zu einem Wulst formen. Den Stollen auf das Backblech setzen und erneut 20 Minuten gehen lassen.

Backofen auf 180 °C Ober- und Unterhitze vorheizen. Den Stollen auf mittlerer Schiene ca. 1 Stunde backen. Unmittelbar danach mit zerlassener Butter bestreichen und mit Zucker bestreuen.

Auf hartes Winters Zucht folgt gute Sommersfrucht.

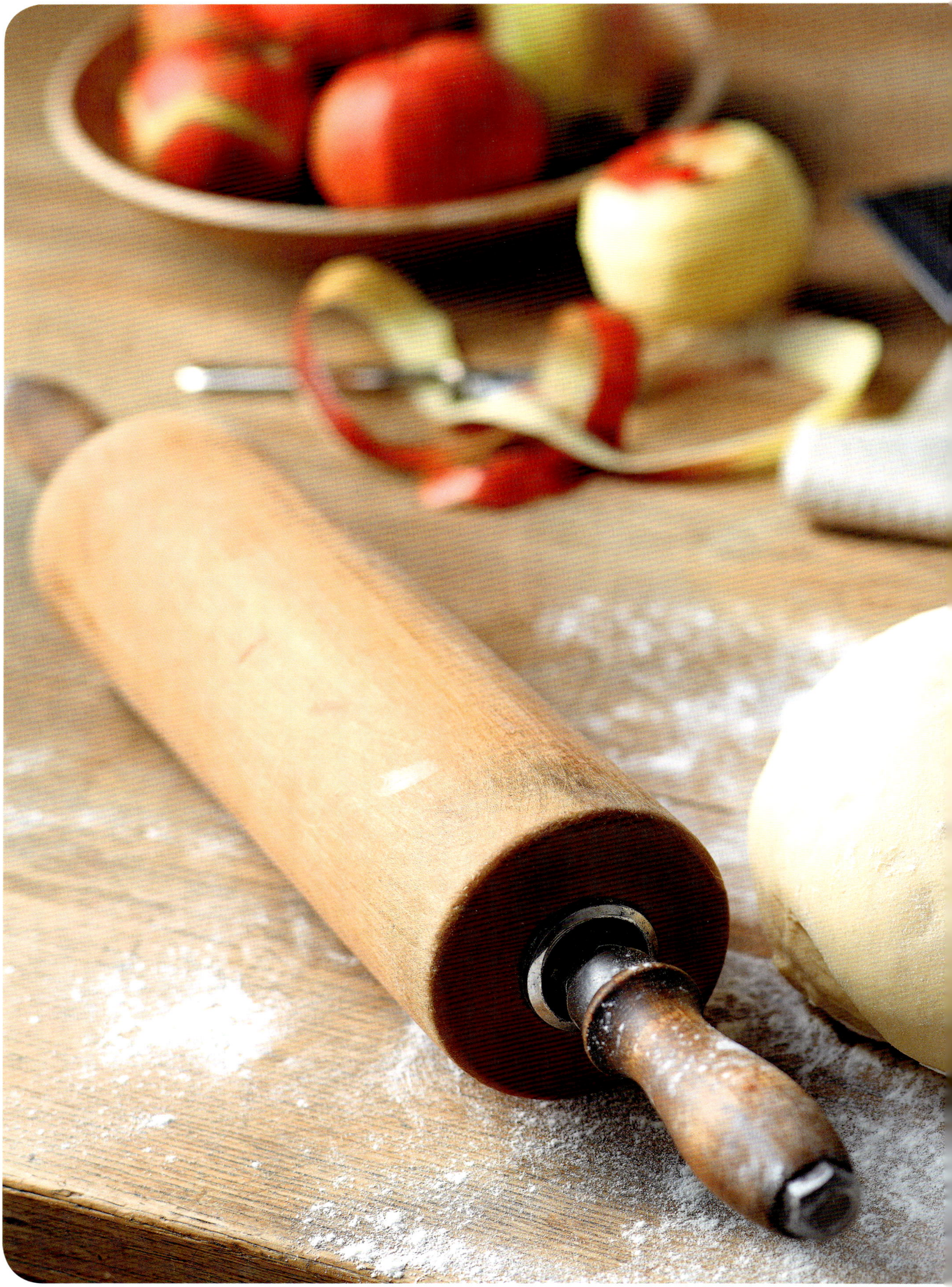

Kuchen vom Blech

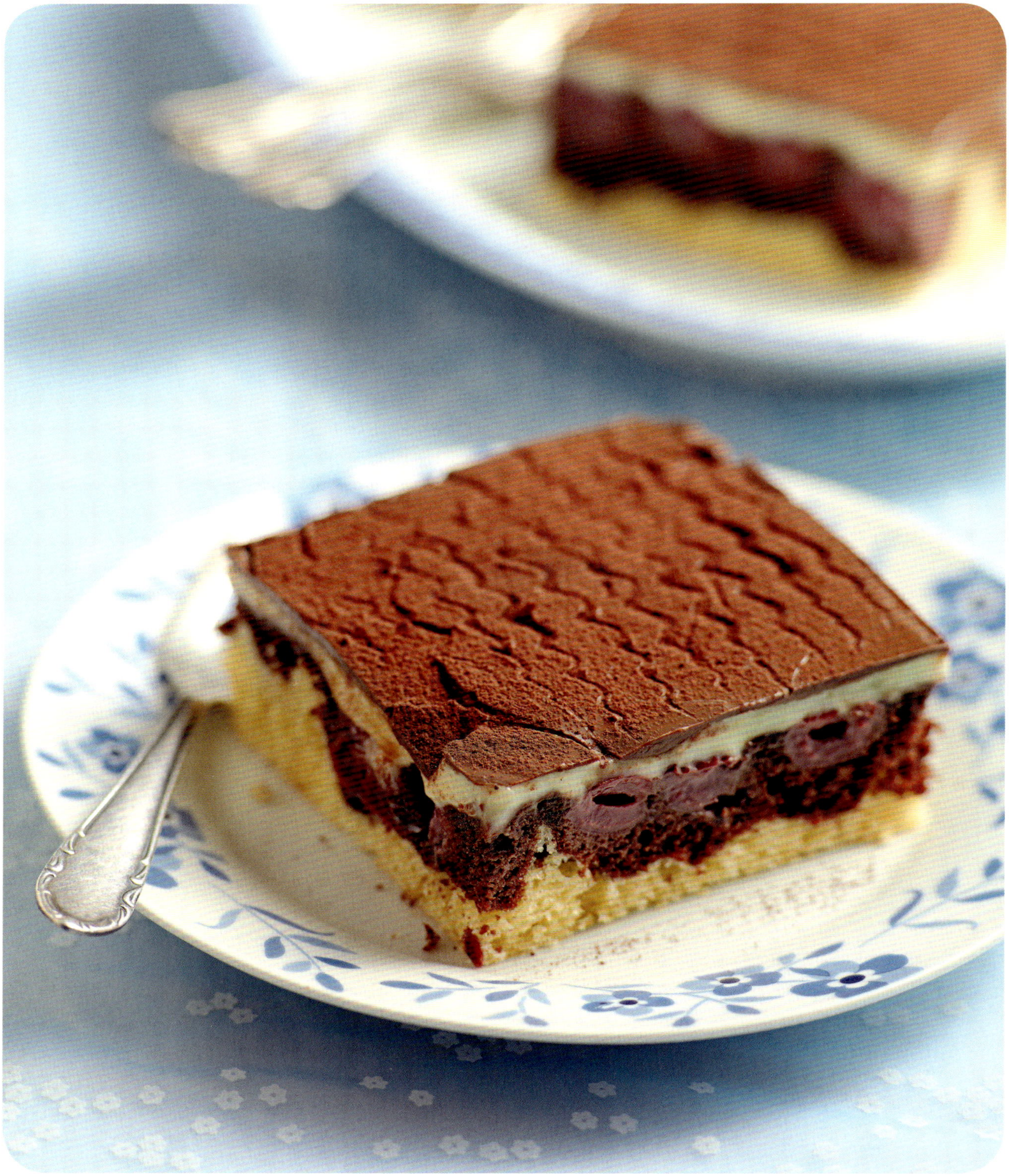

Donauwellen

LIEBLINGSKUCHEN VON BAUER HARALD

FÜR 1 BACKBLECH

Rührteig

Butter und Mehl
für das Backblech
400g weiche Butter
250g Zucker
3 Tropfen Vanillearoma
7 Eier
400g Mehl
20g Backpulver
50ml Milch
30g Kakaopulver
1 EL Rum
2 Gläser Sauerkirschen
(à 720g)

Belag

1 Päckchen Vanille-
puddingpulver
500ml Milch
2 EL Zucker
100g Puderzucker
2 EL Eierlikör (oder Sahne)
2 Tropfen Bittermandelöl

Zutaten Fertigstellung

75g Kokosfett
200g Vollmilch-
schokolade
2 EL Kakaopulver zum
Bestäuben

Zubereitung Rührteig

Backofen auf 175 °C Ober- und Unterhitze vorheizen. Ein Backblech mit Butter einfetten und mit Mehl bestäuben. Überschüssiges Mehl anschließend abklopfen. Butter, Zucker und Vanillearoma mit einem Handrührgerät verrühren.

Die Eier nacheinander zugeben. Mehl und Backpulver mischen, sieben und unter die Buttermasse rühren. Die Hälfte des Teigs gleichmäßig auf das Backblech streichen.

Die andere Hälfte mit Milch, Kakaopulver und Rum verrühren und gleichmäßig auf dem hellen Teig verstreichen. Abgetropfte Kirschen darauf verteilen.
Im vorgeheizten Backofen auf mittlerer Schiene ca. 40 Minuten backen.

Zubereitung Belag

Puddingpulver mit 100 ml Milch und dem Zucker verrühren. Die übrige Milch mit den restlichen Zutaten erhitzen, angerührtes Puddingpulver zugeben und nach Packungsanweisung kochen.

Abkühlen lassen und den Kuchen damit bestreichen. Anschließend ca. 1 Stunde kühl stellen.

Fertigstellung

Kokosfett und Schokolade in Stücke brechen und über einem Wasserbad unter Rühren schmelzen. Leicht abkühlen lassen und den Kuchen damit gleichmäßig überziehen. Creme und Schokoladenguss sollten sich möglichst nicht vermischen. Mit einer Gabel wellenförmige Linien in den Schokoladenguss ziehen. Fest werden lassen und den Kuchen mit Kakaopulver bestäuben.

Saftiger Käsekuchen

FÜR 1 BACKBLECH

Mürbeteig

150 g weiche Butter
150 g Zucker
1 Prise Salz
2 Eier
400 g gesiebtes Mehl
2 gehäufte TL Backpulver

Belag

4 Eier
1 kg Magerquark
200 g Zucker
2 Päckchen Vanillezucker
1 Päckchen Vanille-puddingpulver
Saft von 1 Zitrone
200 ml neutrales Öl
500 ml Milch

Zutaten Fertigstellung

Mehl zum Bearbeiten
150 g Zucker

Zubereitung Mürbeteig

Die Zutaten mit einem Handrührgerät mit Knethaken zu einem glatten Teig verkneten. Zu einer Kugel formen, in Frischhaltefolie wickeln und mindestens 1 Stunde kalt legen.

Zubereitung Belag

Eier trennen, Eiweiß für die Fertigstellung des Kuchens beiseitestellen. Die Eigelbe mit den restlichen Zutaten, bis auf die Milch, zu einer glatten Masse verrühren. Milch in kleinen Mengen unter Rühren zugießen, bis eine dünnflüssige Masse entsteht.

Fertigstellung

Backofen auf 200 °C Ober- und Unterhitze vorheizen. Ein tiefes Backblech mit Backpapier auslegen.
Den Teig auf einer leicht bemehlten Arbeitsfläche etwas größer als das Blech ausrollen, auf das Backblech legen und am Rand etwas hochdrücken.

Die Quarkmasse auf dem Teig verstreichen und im vorgeheizten Backofen ca. 40 Minuten backen. Das Eiweiß steif schlagen, dabei den Zucker einrieseln lassen und diese Baisermasse auf den heißen Kuchen streichen. Backofentemperatur auf 160 °C reduzieren und weitere ca. 20 Minuten backen. Herausnehmen und vollständig auskühlen lassen.

Wenn die Kühe morgens muh'n, hat der Bauer viel zu tun.

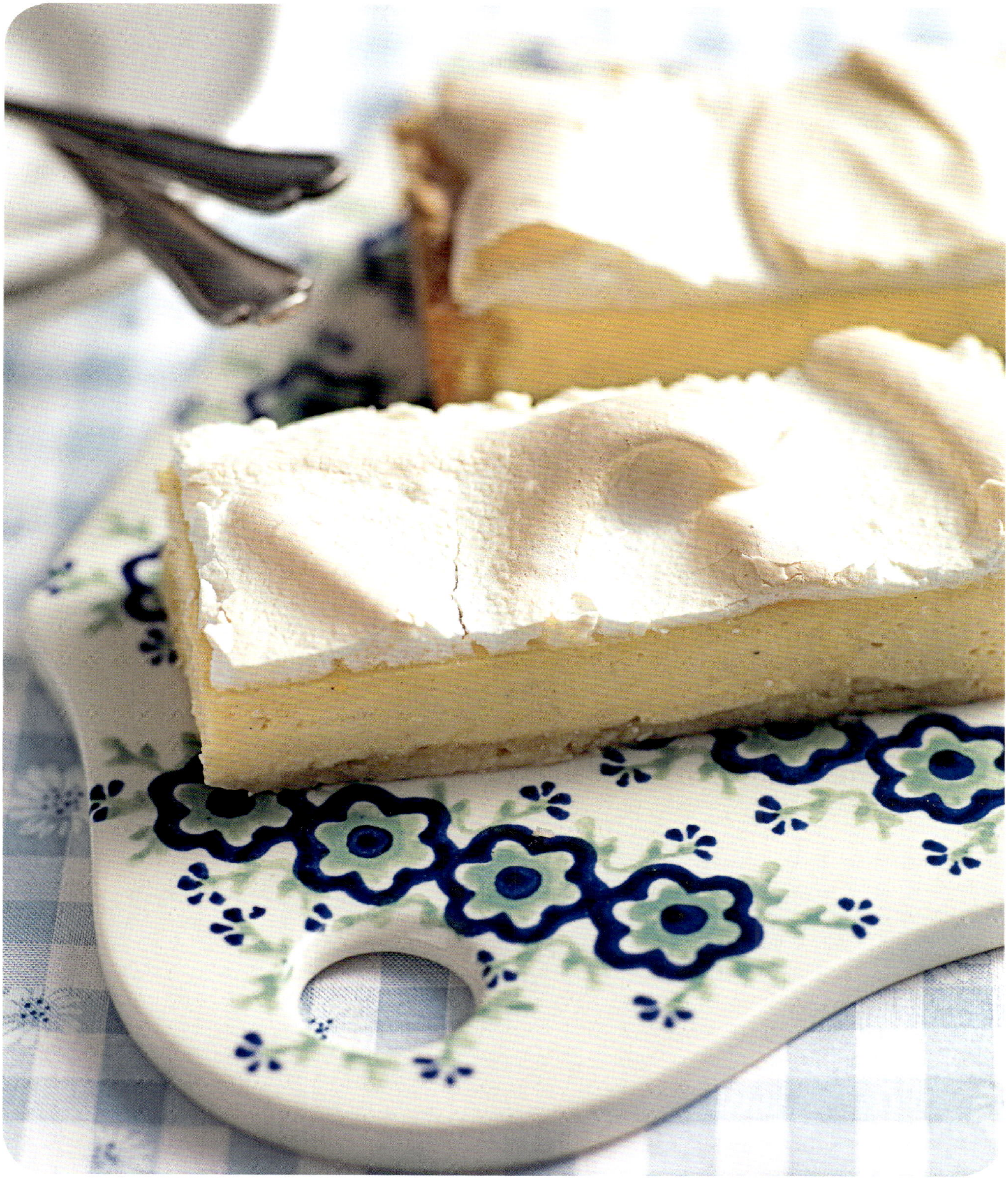

Mandarinen-Schmand-Kuchen

FÜR 1 BACKBLECH

Biskuitteig

Butter zum Einfetten
5 Eier
75g Zucker
75g Mehl
25g Speisestärke
1 Msp. Backpulver

Belag

4 Dosen Mandarinen (Abtropfgewicht je 175g)
2 Päckchen Vanillepuddingpulver
100g Zucker
750ml Milch
500g Schmand
50g Mandelstifte

Zutaten Fertigstellung

200g Puderzucker
3 EL Zitronensaft

Zubereitung Biskuitteig

Backofen auf 200°C Ober- und Unterhitze vorheizen. Ein Backblech mit Butter einfetten und mit Backpapier belegen.
Eier mit einem Handrührgerät auf höchster Stufe schaumig schlagen. Zucker unter Rühren zufügen. Mehl, Speisestärke und Backpulver sieben und kurz auf niedrigster Stufe unterrühren.

Die Biskuitmasse auf das Backblech streichen und im vorgeheizten Backofen auf mittlerer Schiene ca. 10–12 Minuten backen. Den Boden auskühlen lassen und mit einem Backrahmen umstellen.

Zubereitung Belag

Mandarinen in einem Sieb gut abtropfen lassen. Aus Puddingpulver, Zucker und Milch einen Pudding kochen. Den Schmand unterrühren und die warme Masse auf den Biskuit streichen. Mandarinen darauf verteilen und mit Mandeln bestreuen. Im vorgeheizten Backofen ca. 40 Minuten backen. Kuchen abkühlen lassen, dann den Backrahmen entfernen.

Fertigstellung

Puderzucker sieben und nach und nach Zitronensaft zufügen, sodass ein dickflüssiger Guss entsteht. Mit einem Teelöffel über den Kuchen sprenkeln.

Der Euterstrahl wird immer dünner, hat der Bauer klamme Finger.

Zitronige Butterkeksschnitten

FÜR 1 BACKBLECH

Biskuitteig

Butter zum Einfetten
4 Eier
6 EL Wasser
150 g Zucker
1 Päckchen Vanillezucker
100 g Mehl
100 g Speisestärke
2 gehäufte TL Backpulver

Zubereitung Biskuitteig

Backofen auf 220 °C Ober- und Unterhitze vorheizen. Ein tiefes Backblech mit Butter fetten und mit Backpapier belegen. Eier mit einem Handrührgerät auf höchster Stufe schaumig schlagen. Wasser, Zucker und Vanillezucker unter Rühren zufügen. Mehl mit Speisestärke und Backpulver sieben und kurz auf niedrigster Stufe unterrühren.

Die Biskuitmasse auf dem Backblech gleichmäßig verstreichen. Im vorgeheizten Backofen auf der mittleren Schiene ca. 15 Minuten backen.

Zitronencreme

4 Eier
2 Päckchen Sahnepuddingpulver
800 ml Wasser
400 g Zucker
8 EL Zitronensaft
250 g Butter

Zubereitung Zitronencreme

Eier trennen. Das Eiweiß steif schlagen. Puddingpulver mit etwas Wasser anrühren. Restliches Wasser zusammen mit Zucker, Zitronensaft und Eigelben aufkochen.

Puddingpulver einrühren, aufkochen und vom Herd nehmen. Die Butter zugeben und im heißen Pudding schmelzen. Steif geschlagenes Eiweiß unterheben.

Zutaten Fertigstellung

750 ml Sahne
2 Päckchen Sahnesteif
2 Pakete Butterkekse
250 g Puderzucker
Saft von 3 Zitronen

Fertigstellung

Die Zitronencreme auf den abgekühlten Boden streichen und auskühlen lassen. Sahne mit Sahnesteif aufschlagen, gleichmäßig auf der kalten Zitronencreme verteilen und mit Butterkeksen abdecken.
Puderzucker mit Zitronensaft zu einem Guss verrühren und auf die Kekse streichen. Über Nacht in den Kühlschrank stellen und am nächsten Tag genießen.

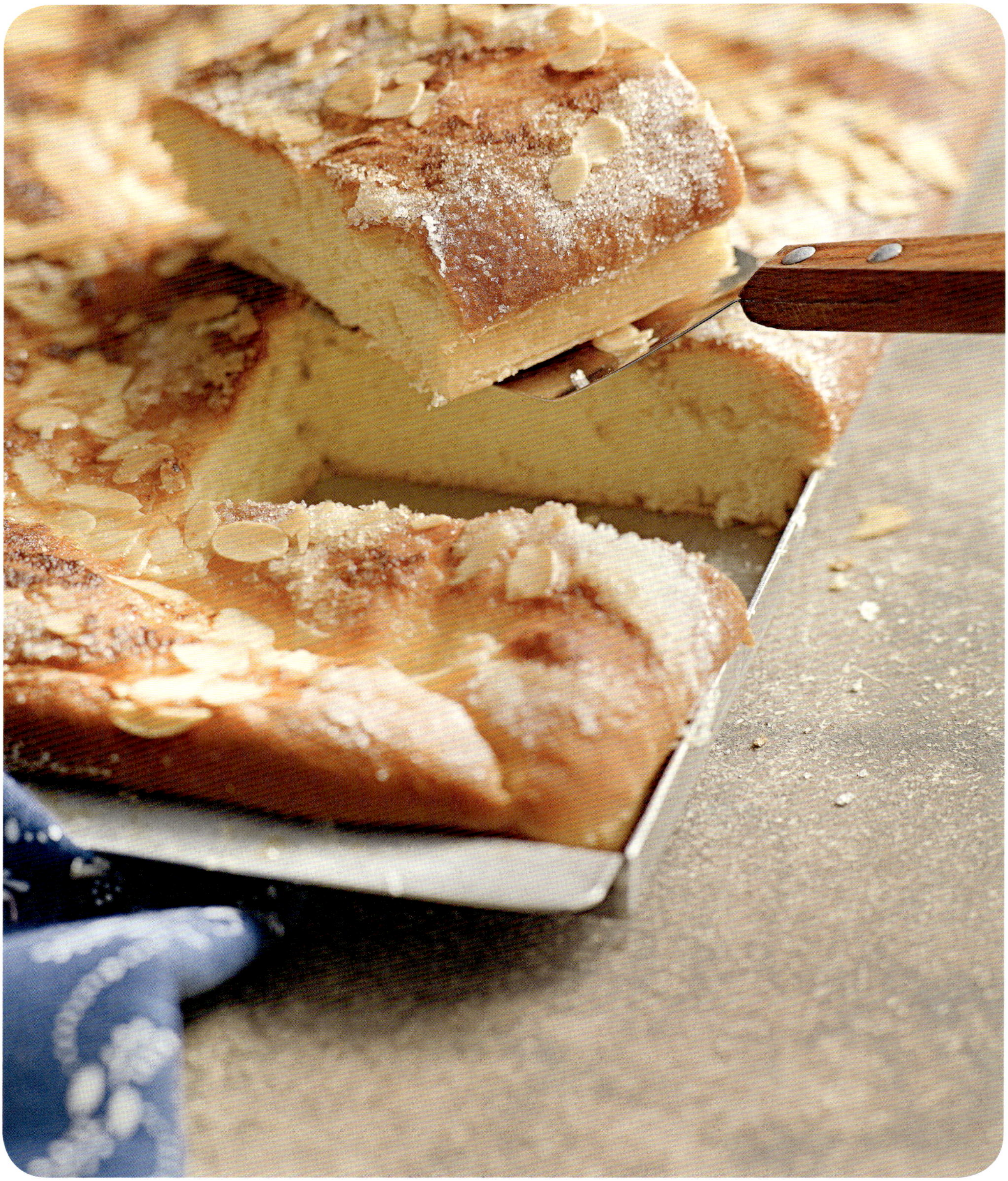

LIEBLINGSKUCHEN VON BAUER HERBERT

Butterkuchen

FÜR 1 BACKBLECH

Hefeteig

Butter zum Einfetten
500 g Mehl
1 Würfel Hefe (42 g)
100 g Zucker
1 Prise Salz
2 Eier
250 ml lauwarme Milch
50 g weiche Butter
Mehl zum Bearbeiten

Zubereitung Hefeteig

Ein Backblech mit Butter einfetten. Mehl in eine große Schüssel sieben. In die Mitte eine Mulde drücken und die Hefe hineinbröckeln. Restliche Zutaten zufügen und alles mit einem Handrührgerät mit Knethaken zu einem glatten Teig verkneten.
Zugedeckt an einem warmen Ort ca. 1 Stunde gehen lassen, bis sich das Teigvolumen sichtbar vergrößert hat.

Den Teig auf einer leicht bemehlten Arbeitsfläche mit den Händen noch einmal gut durchkneten, dann auf Backblechgröße ausrollen und auf das Backblech legen.

Belag

250 g kalte Butter
5 EL Zucker
3 EL gehobelte Mandeln

Zubereitung Belag

Backofen auf 200 °C Ober- und Unterhitze vorheizen.
Butter in Flöckchen schneiden und gleichmäßig auf dem Teig verteilen. Weitere 10 Minuten an einem warmen Ort gehen lassen.

Zucker und Mandeln auf den Teig streuen und im vorgeheizten Backofen auf mittlerer Schiene bei 200 °C Ober- und Unterhitze ca. 30 Minuten backen. Herausnehmen und auskühlen lassen.

Bläst an Lichtmess stark der Wind, gibt viel Milch das Leistungsrind.

Apfel-Amaretto-Kuchen

LIEBLINGSKUCHEN VON BAUER JAN

FÜR 1 BACKBLECH

Hefeteig

500 g Mehl
1 Würfel Hefe (42 g)
60 g Zucker
1 Prise Salz
2 Eier
250 ml lauwarme Milch
50 g weiche Butter
Mehl zum Bearbeiten

Belag

1 kg Äpfel, z.B. Boskop
2 EL Zitronensaft
100 g Amarettini

Streusel

200 g gesiebtes Mehl
100 g Zucker
1 Päckchen Vanillezucker
100 g weiche Butter
1–2 EL Mandellikör

Zubereitung Hefeteig

Ein Backblech mit Backpapier auslegen.

Mehl in eine Schüssel sieben. In die Mitte eine Mulde hineindrücken und in diese die Hefe bröckeln. Die restlichen Zutaten zufügen und alles mit einem Handrührgerät mit Knethaken zu einem glatten Teig verkneten. Zugedeckt an einem warmen Ort ca. 1 Stunde gehen lassen, bis sich das Teigvolumen deutlich vergrößert hat.

Auf einer leicht bemehlten Arbeitsfläche noch einmal gut durchkneten, dann auf Backblechgröße ausrollen und auf das Backblech legen.

Zubereitung Belag

Äpfel schälen, vierteln, Kerngehäuse entfernen und in Spalten schneiden. Mit Zitronensaft beträufeln, damit sie nicht braun werden. Die Amarettini in einen Gefrierbeutel geben, verschließen und mit einer Teigrolle zerbröseln.

Zubereitung Streusel

Alle Zutaten in eine Schüssel geben und mit einem Handrührgerät mit Knethaken oder mit der Hand zu Streuseln verkneten.

Fertigstellung

Backofen auf 180 °C Ober- und Unterhitze vorheizen.

Hefeteig erst mit Amarettini-Bröseln gleichmäßig bestreuen, anschließend dicht mit Apfelspalten belegen. Die Streusel gleichmäßig auf den Apfelspalten verteilen und im vorgeheizten Backofen auf mittlerer Schiene ca. 30 Minuten backen.

Regnet es im Juli in den Roggen, bleibt der Weizen auch nicht trocken!

Prasselkuchen

FÜR 1 BACKBLECH

Streusel

150g weiche Butter
1 Päckchen Vanillezucker
150g Zucker
1 TL Zitronenabrieb
1 Prise Salz
300g gesiebtes Mehl

Zubereitung Streusel

Für die Streuselmasse sämtliche Zutaten mit den Händen oder einem Handrührgerät mit Knethaken miteinander verkneten, zerbröseln und kalt stellen.

Teig

1 Packung frischer Blätterteig aus dem Kühlregal (270g)
1 verquirltes Ei

Zubereitung Teig

Backofen auf 180 °C Ober- und Unterhitze vorheizen.

Den Blätterteig auf dem Backblech ausrollen und mit einer Gabel mehrmals einstechen. Gleichmäßig mit verquirltem Ei bestreichen und dicht mit den Streuseln belegen. Im vorgeheizten Backofen auf mittlerer Schiene ca. 8–9 Minuten backen. Anschließend auf einem Kuchengitter auskühlen lassen.

Zutaten Fertigstellung

200g Puderzucker
Saft von 1 Zitrone

Fertigstellung

Puderzucker nach und nach mit dem Zitronensaft zu einer Glasur verrühren. Nachdem der Kuchen abgekühlt ist, eine Gabel in die Glasur tauchen und mit rascher Bewegung die Gabel über den Kuchen führen, sodass dünne Zuckergussfäden auf dem Kuchen entstehen.

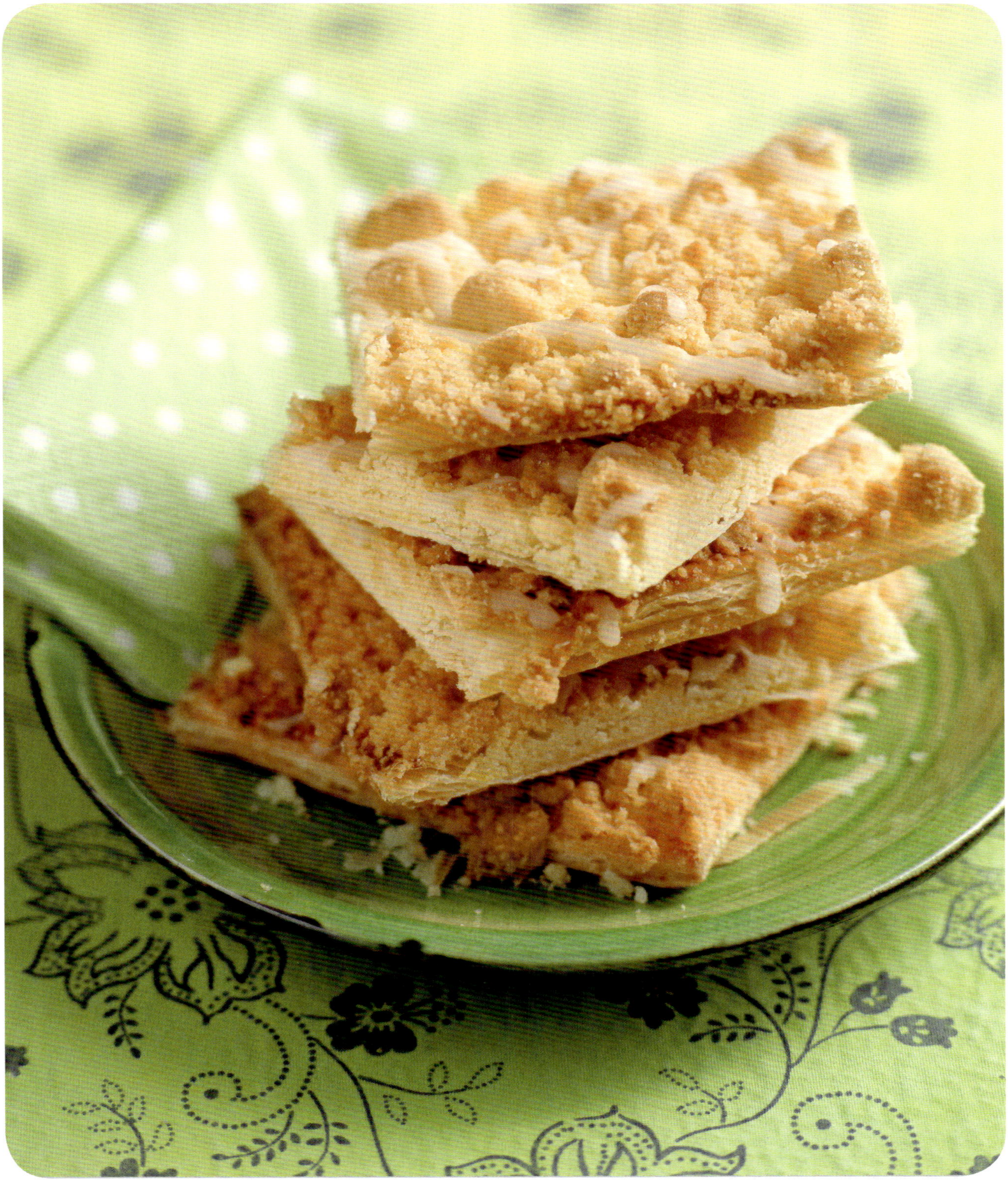

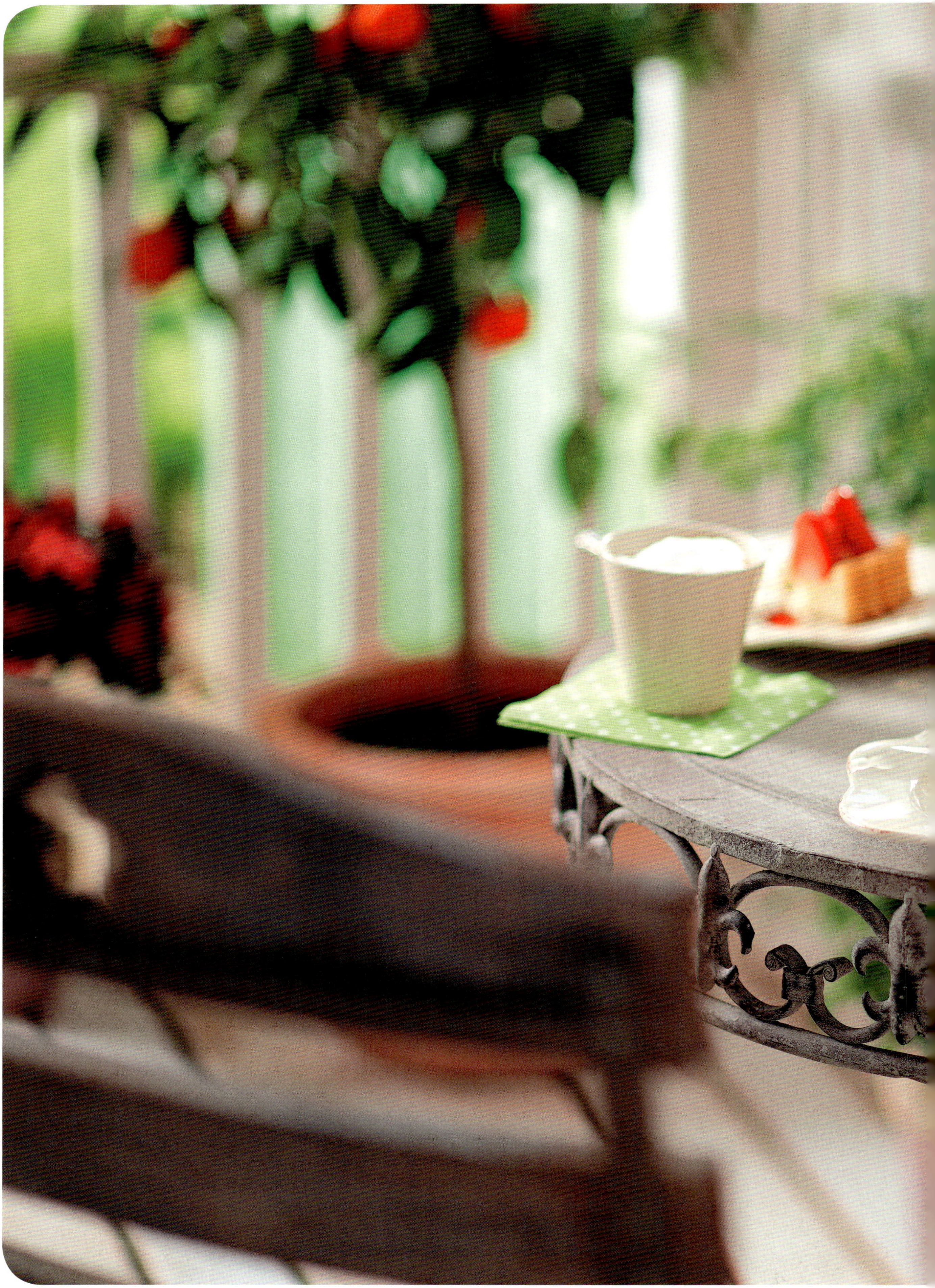

Fruchtiges mit Obst

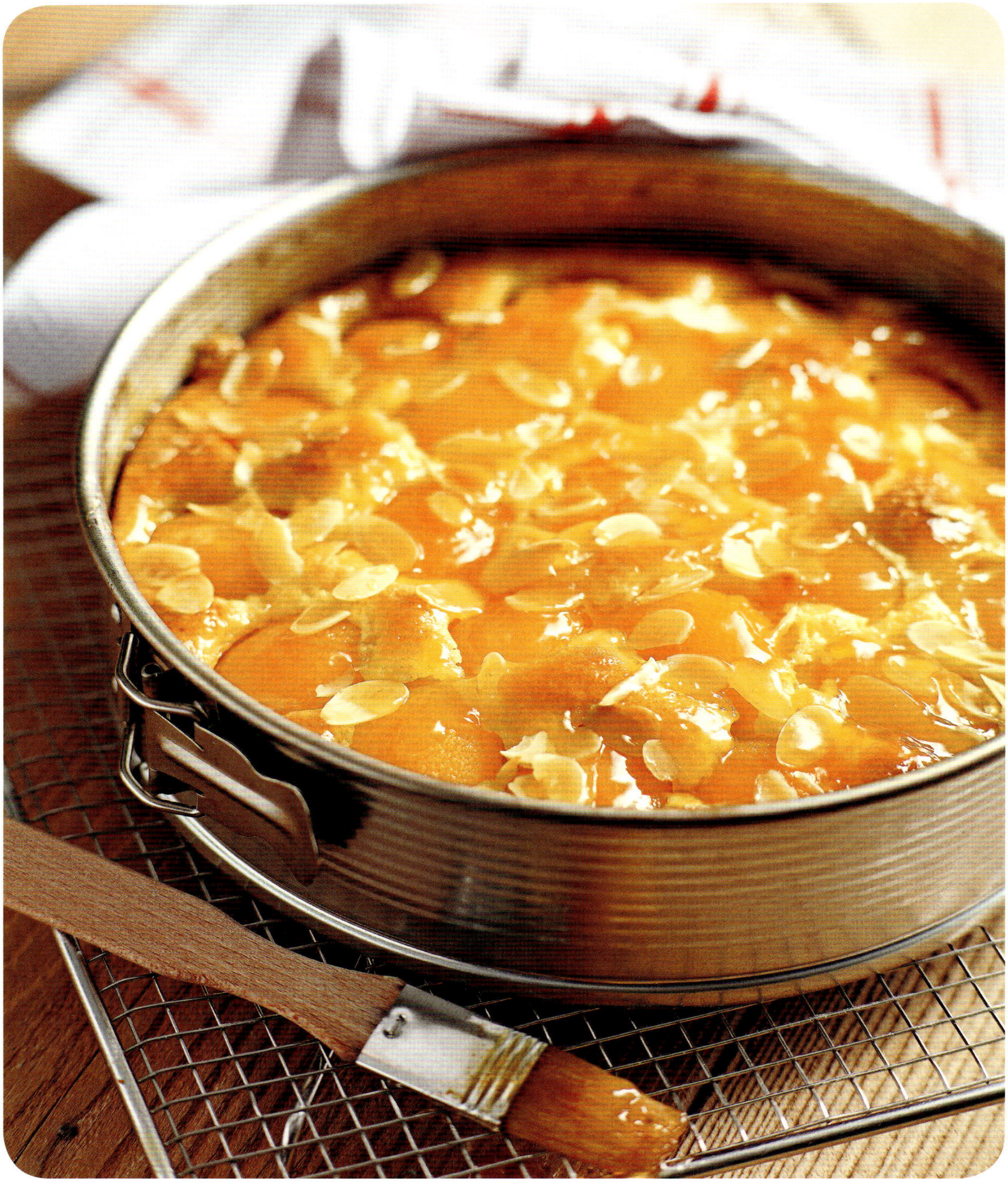

Aprikosenkuchen

LIEBLINGSKUCHEN VON BAUER HERMAN

FÜR 12 KUCHENSTÜCKE

Zutaten

Butter und Mehl
für die Form
1 Dose Aprikosen (850g)
250g weiche Butter
250g Zucker
4 Eier
300g Mehl
1 TL Backpulver
3 EL gehobelte Mandeln
3 EL Aprikosenkonfitüre

Zubereitung

Backofen auf 180 °C Ober- und Unterhitze vorheizen. Eine Springform (Ø 26 cm) mit Butter einfetten und mit Mehl bestäuben. Überschüssiges Mehl anschließend abklopfen.

Die Aprikosen auf einem Sieb gut abtropfen lassen.

Butter und Zucker mit einem Handrührgerät verrühren. Nach und nach die Eier untermischen. Mehl und Backpulver dazusieben und unterrühren. Den Teig in die Form füllen und die Aprikosenhälften darauf verteilen.

Im vorgeheizten Backofen auf mittlerer Schiene ca. 45–50 Minuten backen. Nach 30 Minuten Backzeit den Kuchen mit den Mandeln bestreuen und fertig backen. Herausholen, kurz abkühlen lassen und aus der Form lösen.

Aprikosenkonfitüre in einem Topf erwärmen und den noch warmen Kuchen gleichmäßig damit bestreichen.

Wenn die Aprikosen blühen in Pracht, ist der Tag so lang wie die Nacht.

LIEBLINGSKUCHEN VON BAUER JOSEF

Johannisbeer-Käsekuchen

FÜR 1 BACKBLECH

Teig

Butter und Mehl
für die Form
250 g Mehl
1 TL Backpulver
75 g Zucker
1 Päckchen Vanillezucker
150 g weiche Butter

Füllung

500 g frische
Johannisbeeren
4 Eier
750 g Magerquark
Abrieb von
1 unbehandelten Zitrone
150 g Zucker
250 ml Milch
50 g gehobelte Mandeln

Zubereitung Teig

Backofen auf 180 °C Ober- und Unterhitze vorheizen. Ein tiefes Backblech mit Butter einfetten und mit Mehl bestäuben. Überschüssiges Mehl anschließend abklopfen.
Mehl mit Backpulver mischen und in eine Schüssel sieben. Die restlichen Zutaten für den Teig hinzufügen und mit einem Handrührgerät mit Knethaken zu feinen Streuseln verkneten. Die Streusel gleichmäßig auf dem Backblech verteilen und andrücken. Im vorgeheizten Backofen auf der mittleren Schiene ca. 15 Minuten backen. Herausnehmen und abkühlen lassen.

Zubereitung Füllung

Johannisbeeren waschen, abtropfen lassen und entstielen.

Eier trennen, Eiweiß sehr steif schlagen. Eigelbe mit Quark, Zitronenabrieb, Zucker und Milch mit einem Handrührgerät verrühren. Den Eischnee unterheben. Die Quarkmasse auf den vorgebackenen Boden geben und glatt streichen.

Johannisbeeren darauf verteilen und mit Mandeln bestreuen. Im vorgeheizten Backofen auf mittlerer Schiene ca. 45 Minuten backen. Kuchen aus dem Ofen holen und vollständig auskühlen lassen.

Brennt die Sonne auf den Rücken, kommt die Zeit zum Beeren pflücken.

Apfel-Mohn-Kuchen

FÜR 12 KUCHENSTÜCKE

Rührteig

Butter und Mehl
für die Form
3 Eier
130g weiche Butter
130g Zucker
250g gesiebtes Mehl
1 TL Backpulver
4 EL Milch
100g backfertige
Mohnfüllung

Zubereitung Rührteig

Backofen auf 180°C Ober- und Unterhitze vorheizen. Eine Springform (Ø 26cm) mit Butter einfetten und mit Mehl bestäuben. Das überschüssige Mehl anschließend abklopfen.

Eier, Butter, Zucker, Mehl und Backpulver mit einem Handrührgerät verrühren. Nur so viel Milch zugeben, dass der Teig schwer reißend vom Löffel fällt.

Den Teig halbieren. Unter eine Hälfte Mohnfüllung mischen und in die Springform füllen. Die andere Hälfte dann darauf verstreichen.

Belag

1kg säuerliche Äpfel
1 EL Zitronensaft
1 EL Butter

Zubereitung Belag

Äpfel schälen, Kerngehäuse entfernen, vierteln, längs 3–5 mm tief einschneiden und mit Zitronensaft beträufeln. Auf der Teigoberfläche verteilen und leicht eindrücken. 1 EL Butter schmelzen und die Äpfel damit bestreichen. Im vorgeheizten Backofen auf dem Rost auf mittlerer Schiene ca. 50–55 Minuten backen.

Zutaten Fertigstellung

2 EL Aprikosenkonfitüre
evtl. Puderzucker zum
Bestäuben

Fertigstellung

Den noch heißen Kuchen mit der Konfitüre bestreichen. In der Form auskühlen lassen. Nach Belieben vor dem Servieren mit Puderzucker bestäuben.

Einen Baum mit reifen Früchten darf man nur leise schütteln.

Versunkener Kirschkuchen

FÜR 12 KUCHENSTÜCKE

Rührteig

Butter und Mehl
für die Form
150 g Zucker
1 Päckchen Vanillezucker
3 Eier
1 EL Wasser
125 g flüssige Butter
100 g Mehl
1 Päckchen Schokoladen-
puddingpulver
3 TL Backpulver
50 g Zartbitter-
schokoladenraspel
3 EL Kirschwasser

Füllung

4 Blatt weiße Gelatine
500 g Kirschgrütze
(aus dem Kühlregal)

Zutaten Fertigstellung

400 ml Sahne
1 Päckchen Vanillezucker

Zubereitung Rührteig

Backofen auf 180 °C Ober- und Unterhitze vorheizen. Eine Springform (Ø 26 cm) mit Butter einfetten und mit Mehl bestäuben. Überschüssiges Mehl abklopfen.

Zucker, Vanillezucker, Eier, Wasser und Butter hinzufügen und mit einem Handrührgerät verrühren. Mehl, Pudding- und Backpulver mischen und dazusieben. Zum Schluss die Schokoladenraspel unterheben. Den Teig in die Springform füllen, glatt streichen und im vorgeheizten Backofen auf dem Rost auf mittlerer Schiene ca. 30 Minuten backen. Die Stäbchenprobe durchführen (siehe Seite 170).

Den Boden nach dem Backen aus der Form lösen und auf einem Kuchengitter erkalten lassen. Mit einem Löffel den Boden knapp 1 cm tief aushöhlen, dabei seitlich einen Rand von etwa 2 cm stehen lassen. Die Kuchenkrümel fein zerbröseln, mit dem Kirschwasser vermischen und bis zur Fertigstellung beiseitestellen.

Zubereitung Füllung

Gelatine in kaltem Wasser einweichen. Leicht ausdrücken, in einem kleinen Topf erwärmen und unter Rühren auflösen. Etwas von der Kirschgrütze unter die Gelatine rühren, dann alles miteinander vermengen. In den ausgehöhlten Boden füllen und abkühlen lassen.

Fertigstellung

Die Sahne mit dem Vanillezucker steif schlagen. Getränkte Kuchenbrösel unterheben und den Kuchen damit kuppelartig bedecken.

Hat der Melker kalte Finger, wird die Kuh zum Stabhochspringer.

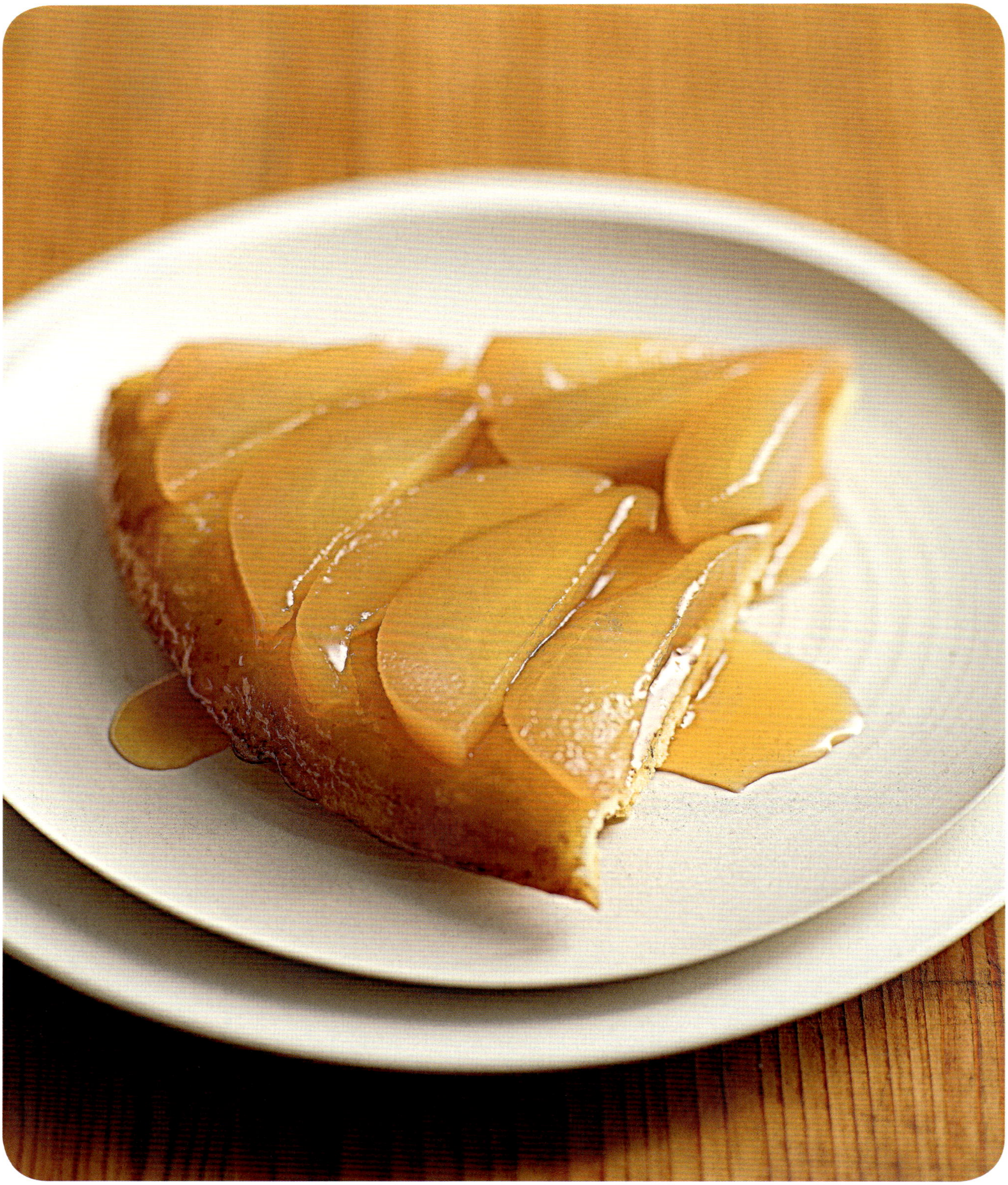

Birnentarte mit Karamell

FÜR 12 TARTESTÜCKE

Teig

150 g weiche Butter
1 Prise Zucker
1 Prise Salz
1 Ei
250 g Mehl
1 EL kaltes Wasser

Belag

4 Birnen
5 EL Zucker
25 g Butter

Zutat Fertigstellung

Butter für die Form

Zubereitung Teig

Alle Zutaten mit einem Handrührgerät mit Knethaken zu einem geschmeidigen Teig verkneten. Zu einer Rolle formen, in Frischhaltefolie wickeln und ca. 1 Stunde kalt legen.

Zubereitung Belag

Birnen schälen, Kerngehäuse entfernen und in Spalten schneiden. Zucker in einer Pfanne nach und nach schmelzen, Butter dazu geben und die Pfanne leicht schwenken. Die Birnenspalten zugeben und in dem Karamell köcheln lassen.

Fertigstellung

Backofen auf 200 °C Ober- und Unterhitze vorheizen. Eine Tarte- oder Springform (Ø 28 cm) mit Butter einfetten.
Die Birnenspalten mit dem Karamell gleichmäßig in der Form verteilen, mit dem Teig abdecken und diesen mit einer Gabel einstechen.

Im vorgeheizten Backofen auf dem Rost auf mittlerer Schiene ca. 30 Minuten backen. Den Kuchen im noch warmen Zustand aus der Form lösen, bevor der Karamell fest wird. Lauwarm servieren.

Sitzen die Birnen fest am Stiel, bringt der Winter Kälte viel.

LIEBLINGSKUCHEN VON BAUER ANDI

Schnelle Äpfeltarte

FÜR 12 KUCHENSTÜCKE

Tarteboden

Butter für die Form
Mehl zum Bearbeiten
1 Packung frischer Blätterteig aus dem Kühlregal (270g)

Zubereitung Tarteboden

Den Backofen bei 180 °C Ober- und Unterhitze vorheizen.
Eine Tarteform (Ø 30cm) mit Butter einfetten.
Den Blätterteig entrollen, in die Tarteform einlegen, überstehenden Teig abschneiden und mit einer Gabel einstechen.

Mandelcreme

30g weiche Butter
50g Puderzucker
1 Ei
50g gemahlene Mandeln

Zubereitung Mandelcreme

Butter, Puderzucker, Ei und gemahlene Mandeln mit einem Handrührgerät verrühren und den Blätterteigboden damit bestreichen.

Belag

2 mittelgroße Äpfel (z.B. Boskop)
Saft von ½ Zitrone
1 EL Zucker

Zubereitung Belag

Die Äpfel schälen, das Kerngehäuse entfernen und in dünne Spalten schneiden. Mit Zitronensaft beträufeln, damit sie nicht braun werden. Fächerförmig auf den Blätterteig legen.
Im vorgeheizten Backofen auf dem Rost auf einer der unteren Schienen ca. 30 Minuten backen. 10 Minuten vor Ende der Backzeit mit Zucker bestreuen und fertig backen. Anschließend auf einem Kuchengitter leicht abkühlen lassen.

Zutat Fertigstellung

1 Päckchen klarer Tortenguss

Fertigstellung

Den Tortenguss nach Packungsanweisung anrühren und die Apfeltarte mit dem Guss überziehen.

Tipp

Sie können die Tarte direkt lauwarm, z.B. mit einer Kugel Vanilleeis, servieren.

Rhabarber-Streuselkuchen

FÜR 12 KUCHENSTÜCKE

Mürbeteig

150 g weiche Butter
100 g Zucker
1 Prise Salz
1 Ei
250 g gesiebtes Mehl
5 g Backpulver
Butter für die Form
Backerbsen zum Blindbacken
2 EL Konfitüre
40 g fein gemahlene Zwieback- oder Butterkeksbrösel

Streusel

75 g weiche Butter
75 g Zucker
½ TL Vanillezucker
½ TL Zitronenabrieb
1 Prise Salz
150 g gesiebtes Mehl

Belag

750 g Rhabarber
20 g Saftstopp

Creme

30 g Speisestärke
250 ml Milch
2 Eier
75 ml Sahne
80 g Zucker
1 TL Vanillezucker

Zubereitung Mürbeteig

Butter, Zucker, Salz, Ei, Mehl und Backpulver in eine Schüssel geben und mit einem Handrührgerät zu einem glatten Teig verkneten. Zu einer Kugel formen, in Frischhaltefolie wickeln und mindestens 1 Stunde kalt legen.
Backofen auf 180 °C Ober- und Unterhitze vorheizen. Den Boden einer Springform (Ø 26 cm) mit Butter einfetten. Den Teig auf dem Springformboden ausrollen und mit einer Gabel mehrmals einstechen. Mit einem Backpapier abdecken und mit den Backerbsen belegen. Auf dem Rost auf mittlerer Schiene ca. 15 Minuten blindbacken. Anschließend Backerbsen und Backpapier entfernen. Den Boden etwas auskühlen lassen, mit der Konfitüre bestreichen und mit den Bröseln bestreuen.

Zubereitung Streusel

Sämtliche Zutaten mit einem Handrührgerät mit Knethaken zu Streuseln verkneten und kalt stellen.

Zubereitung Belag

Den Rhabarber putzen, waschen, schälen und in 1 cm große Stücke schneiden. Mit Saftstopp in einer Schüssel mischen.

Zubereitung Creme

Speisestärke mit etwas kalter Milch glatt rühren. Die Eier unterrühren. Restliche Milch mit Sahne, Zucker und Vanillezucker aufkochen. Die angerührte Speisestärke mit einem Schneebesen einrühren und unter ständigem Rühren zu einer Creme kochen. In eine Schüssel füllen, mit Frischhaltefolie abdecken und auskühlen lassen.

Fertigstellung

Die gekochte Creme auf dem Mürbeteigboden gleichmäßig verteilen. Die Rhabarberstücke kreisförmig in die Creme stecken, mit Streuseln belegen und im Backofen auf dem Rost auf mittlerer Schiene weitere ca. 30–35 Minuten fertig backen. Auf einem Kuchengitter auskühlen lassen.

Kirschwähe

FÜR 12 KUCHENSTÜCKE

Hefeteig

250g Mehl
½ Würfel Hefe (ca. 21g)
125ml lauwarme Milch
30g Zucker
1 Prise Salz
1 Ei
25g weiche Butter
Butter für die Form
Mehl zum Bearbeiten

Füllung

400g entsteinte Sauerkirschen
4 Eier
125ml Sahne
4 EL Zucker
½ TL Zimt
50g Puderzucker zum Bestäuben

Zubereitung Hefeteig

Mehl in eine große Schüssel sieben. Eine Mulde hineindrücken und die Hefe hineinbröckeln. Milch, Zucker, Salz, Ei und Butter zufügen und alles mit dem Handrührgerät mit Knethaken zu einem glatten Teig verkneten. Die Schüssel mit einem Tuch abdecken und ca. 1 Stunde an einem warmen Ort gehen lassen, bis sich das Teigvolumen sichtbar vergrößert hat.

Eine Wähen- oder Tarteform (Ø 30cm) mit Butter einfetten. Den Teig auf einer bemehlten Arbeitsfläche noch einmal mit den Händen gut durchkneten, dann etwa 1cm dick ausrollen und in die Form geben. Auch den Rand der Form mit dem Teig bedecken.

Zubereitung Füllung

Backofen auf 180°C Ober- und Unterhitze vorheizen.

Kirschen gleichmäßig auf dem Teigboden verteilen. Eier, Sahne, Zucker und Zimt miteinander verrühren. Über die Kirschen gießen und die Wähe im vorgeheizten Backofen auf dem Rost auf mittlerer Schiene ca. 40 Minuten backen.

Aus der Form lösen, noch warm mit Puderzucker bestäuben und sofort servieren.

Tipp

Anstelle der frischen Kirschen können Sie auch ein Glas (720 ml) Schattenmorellen verwenden. Vor der Zubereitung gut auf einem Sieb abtropfen lassen.

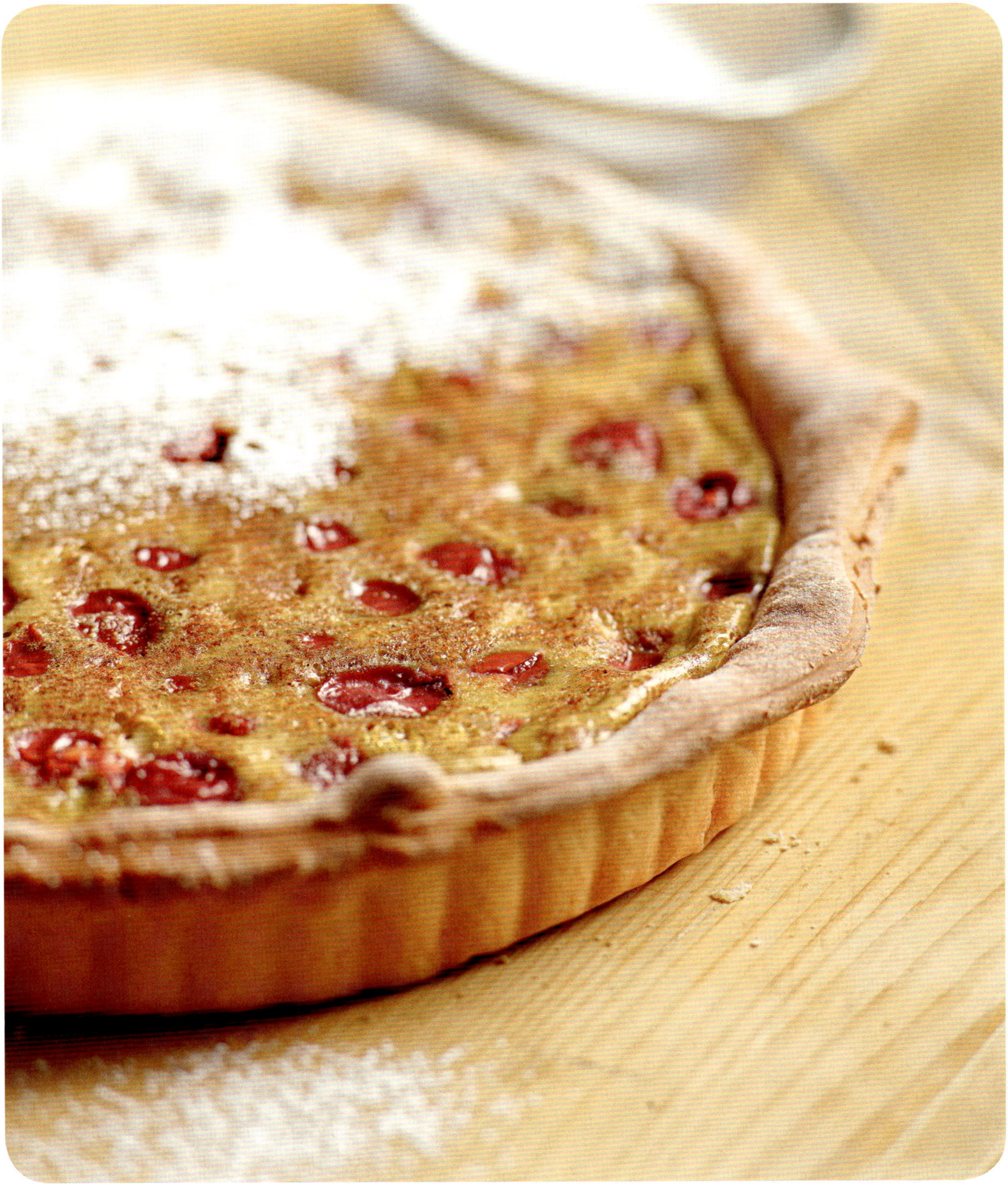

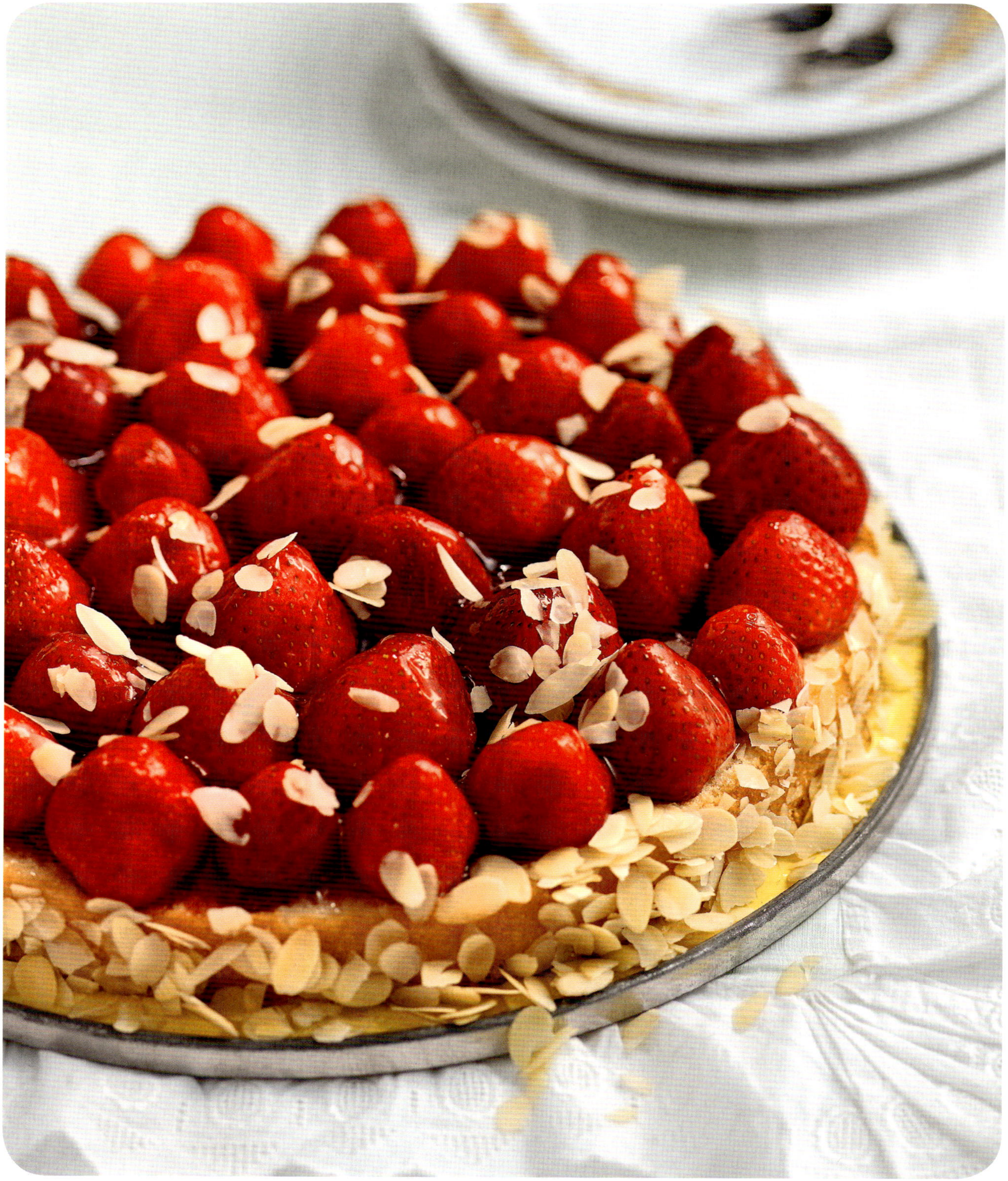

Sommerlicher Erdbeerkuchen

FÜR 12 KUCHENSTÜCKE

Biskuitteig

Butter zum Einfetten
6 Eier
150g Zucker
150g Mehl
40g flüssige Butter

Zubereitung Biskuitteig

Backofen auf 180°C Ober- und Unterhitze vorheizen. Eine Springform (Ø 26cm) mit Butter einfetten und den Boden mit Backpapier auslegen. Auch für den Rand einen passenden Backpapierstreifen zuschneiden und den Rand damit auslegen.

Eier und Zucker in einer Schüssel mit einem Handrührgerät ca. 4 Minuten cremig aufschlagen. Mehl dazusieben und mit einem Teigschaber unterheben. Die flüssige Butter unterrühren. Anschließend die Masse in die Springform füllen und im vorgeheizten Backofen auf dem Rost auf mittlerer Schiene ca. 30 Minuten backen. Den fertigen Biskuitboden aus der Form lösen, stürzen, Backpapier entfernen und vollständig abkühlen lassen.

Belag

500g Erdbeeren
3 EL Erdbeerkonfitüre
2 Päckchen klarer Tortenguss
100g gehobelte Mandeln

Zubereitung Belag

Erdbeeren waschen und den Blütenansatz entfernen, große Früchte halbieren. Den ausgekühlten Boden mit der Erdbeerkonfitüre bestreichen und mit Erdbeeren belegen. Tortenguss nach Packungsanleitung anrühren und Früchte mit zwei Dritteln des Tortengusses bestreichen. Den restlichen Guss auf dem Kuchenrand verteilen und mit gehobelten Mandeln verzieren.

Tipp

Biskuitteig ist die Basis vieler Kuchen. Sie können ihn beliebig belegen und das Obst je nach Geschmack und Saison variieren.

LIEBLINGSKUCHEN VON BAUER HEINRICH

Himbeer-Schmand-Kuchen

FÜR 1 BACKBLECH

Biskuitteig

5 Eier
75 g Zucker
75 g Mehl
25 g Speisestärke
1 Msp. Backpulver

Zubereitung Biskuitteig

Backofen auf 200 °C Ober- und Unterhitze vorheizen. Ein Backblech mit Backpapier belegen.
Eier mit einem Handrührgerät auf höchster Stufe schaumig schlagen. Zucker unter Rühren einstreuen. Mehl, Speisestärke und Backpulver sieben und kurz auf niedrigster Stufe unterrühren. Die Biskuitmasse auf das Backblech streichen und im vorgeheizten Backofen auf mittlerer Schiene ca. 10–12 Minuten backen. Den Boden erkalten lassen und mit einem Backrahmen umstellen.

Belag

1 kg tiefgekühlte Himbeeren
100 g gesiebter Puderzucker
500 ml Sahne
3 Päckchen Vanillezucker
3 Päckchen Sahnesteif
600 g Schmand

Zubereitung Belag

Himbeeren mit Puderzucker bestreuen und auftauen lassen.
Anschließend auf einem Sieb abtropfen lassen und gleichmäßig auf dem Kuchenboden verteilen. Sahne mit Vanillezucker und Sahnesteif schlagen. Den Schmand glatt rühren und die Sahne unterheben. Die Masse auf den Himbeeren verteilen und glatt streichen.

Eierlikörguss

400 ml Eierlikör
2 Päckchen Vanillesaucenpulver

Zubereitung Eierlikörguss

Eierlikör mit Saucenpulver verrühren und auf dem Belag verteilen. Den Kuchen ca. 1 Stunde kalt stellen, bis der Guss fest geworden ist.
Vor dem Servieren den Backrahmen entfernen.

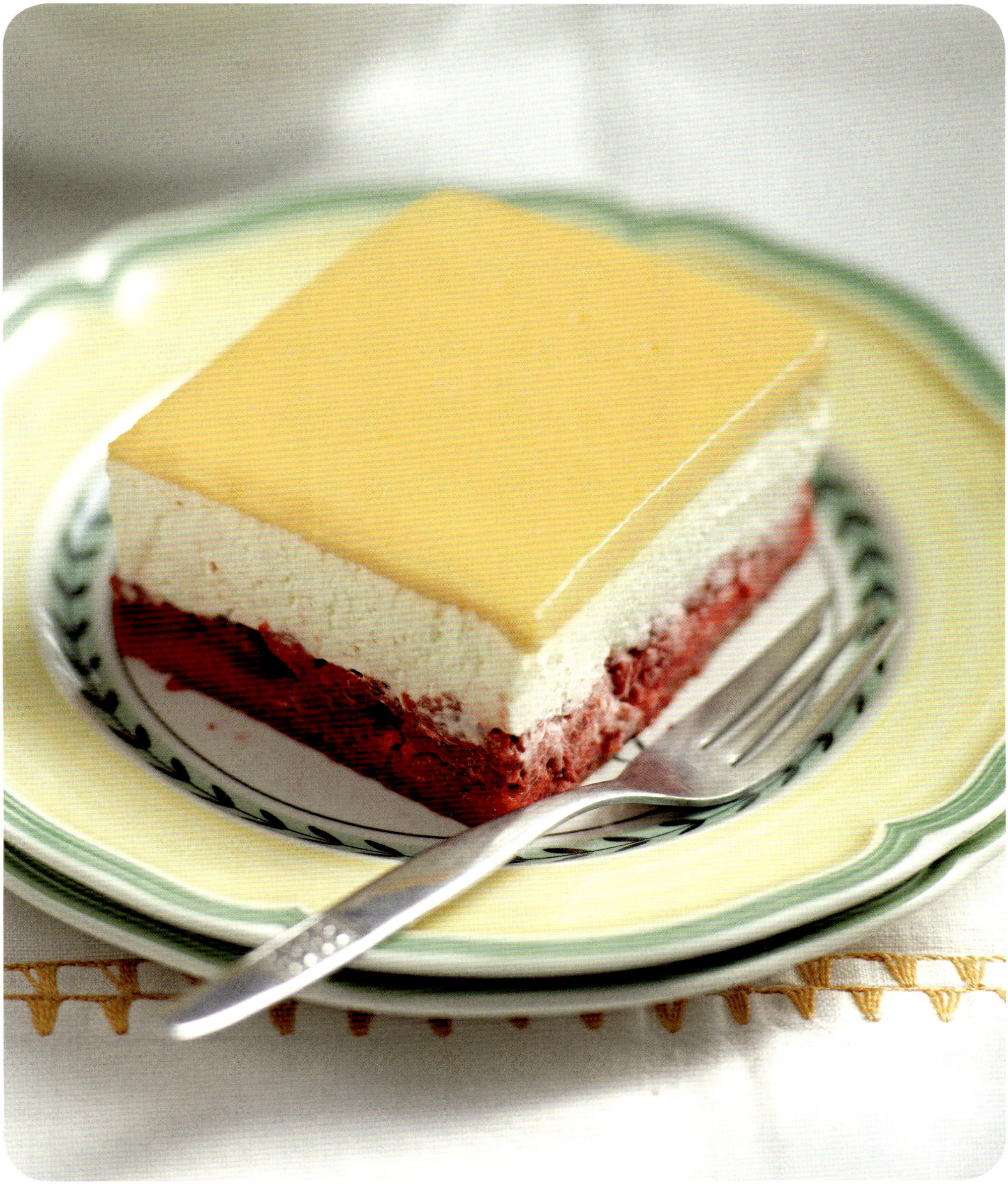

Lieblingskuchen von Bauer Bruno: Waldfrucht-Baiser-Torte

FÜR 12 TORTENSTÜCKE

Mürbeteig

100g weiche Butter
50g Zucker
1 TL Vanillezucker
1 TL Zitronenabrieb
1 Prise Salz
1 Ei
100g gesiebtes Mehl
30g gemahlene Haselnüsse
Butter für die Form
Mehl zum Bearbeiten
Backerbsen zum Blindbacken
2 EL rote Konfitüre

Fruchtfüllung

80g Biskuitbrösel (alternativ Zwieback- oder Butterkeksbrösel)
300g tiefgekühlte Beerenmischung
10g Saftstopp
1 Päckchen Tortenguss

Baiser

3 Eiweiß
90g Zucker

Zubereitung Mürbeteig

Butter, Zucker, Vanillezucker, Zitronenabrieb, Salz, Ei, Mehl und Haselnüsse mit einem Handrührgerät mit Knethaken zu einem glatten Teig verkneten. Zu einer Kugel formen, in Frischhaltefolie wickeln und mindestens 1 Stunde kalt legen. Backofen auf 180 °C Ober- und Unterhitze vorheizen. Eine Springform (Ø 26cm) mit Butter einfetten.
Ein Drittel des Teigs zunächst auf einer leicht bemehlten Arbeitsfläche mit einer Teigrolle dünn ausrollen, einen 3cm breiten Rand ausschneiden, diesen wie eine Schnecke aufrollen und kalt legen. Den restlichen Teig auf dem gefetteten Springformboden gleichmäßig ausrollen. Den Springformrand um den Boden legen. Den beiseitegelegten Teig zu einem langen Streifen als Rand in die Springform einlegen und leicht andrücken. Mit einem Backpapier abdecken und mit Backerbsen bedecken. Im vorgeheizten Backofen auf dem Rost auf mittlerer Schiene ca. 15 Minuten blindbacken.
Backerbsen und Backpapier entfernen und den Boden weitere 8–9 Minuten backen. Anschließend etwas auskühlen lassen und mit Konfitüre bestreichen.

Zubereitung Fruchtfüllung

Teigboden mit Bröseln bestreuen. Die angetauten Beeren mit dem Saftstopp vermischen. Tortenguss nach Packungsanleitung zubereiten. Die Beeren auf dem Boden verteilen, mit dem Guss überziehen und fest werden lassen.

Zubereitung Baiser

Eiweiß und 30g Zucker mit einem Handrührgerät anschlagen, restlichen Zucker nach und nach zugeben und zu festem Schnee schlagen. Auf dem Kuchen unregelmäßig verstreichen. Nochmals ca. 4–5 Minuten backen, sodass das Baiser Farbe annimmt.

Schwarzer Johannisbeerkuchen

FÜR 1 BACKBLECH

Rührteig

Butter und Mehl
für die Form
500 g schwarze
Johannisbeeren
250 g weiche Butter
200 g Zucker
1 Päckchen Vanillezucker
4 Eier
1 Prise Salz
Abrieb von
1 unbehandelten Zitrone
400 g Mehl
1 Päckchen Backpulver
125 ml Milch

Zutaten Fertigstellung

250 ml Eierlikör
400 ml Sahne
1 Päckchen Vanillezucker

Zubereitung Rührteig

Backofen auf 180 °C Ober- und Unterhitze vorheizen. Ein Backblech mit Butter einfetten und mit Mehl bestäuben. Überschüssiges Mehl anschließend abklopfen. Die Beeren waschen und von den Rispen streifen.

Butter, Zucker und Vanillezucker mit einem Handrührgerät verrühren. Nach und nach Eier, Salz und Zitronenabrieb unterrühren. Mehl und Backpulver mischen, sieben und unterrühren. Milch unter den Teig mengen. Zum Schluss die Johannisbeeren vorsichtig unterheben.

Die Teigmasse gleichmäßig auf dem Backblech verstreichen und im vorgeheizten Backofen auf der mittleren Schiene ca. 40 Minuten backen. Auskühlen lassen.

Fertigstellung

Etwa die Hälfte des Eierlikörs auf dem Kuchen verteilen. Unmittelbar vor dem Servieren die Sahne mit dem Vanillezucker steif schlagen und gleichmäßig auf dem Kuchen verstreichen. Restlichen Eierlikör in einen kleinen Gefrierbeutel füllen, eine winzige Ecke abschneiden und ein Gittermuster über die Sahne ziehen.

Blüht im Juni der Stock in vollem Licht, große Beeren er verspricht.

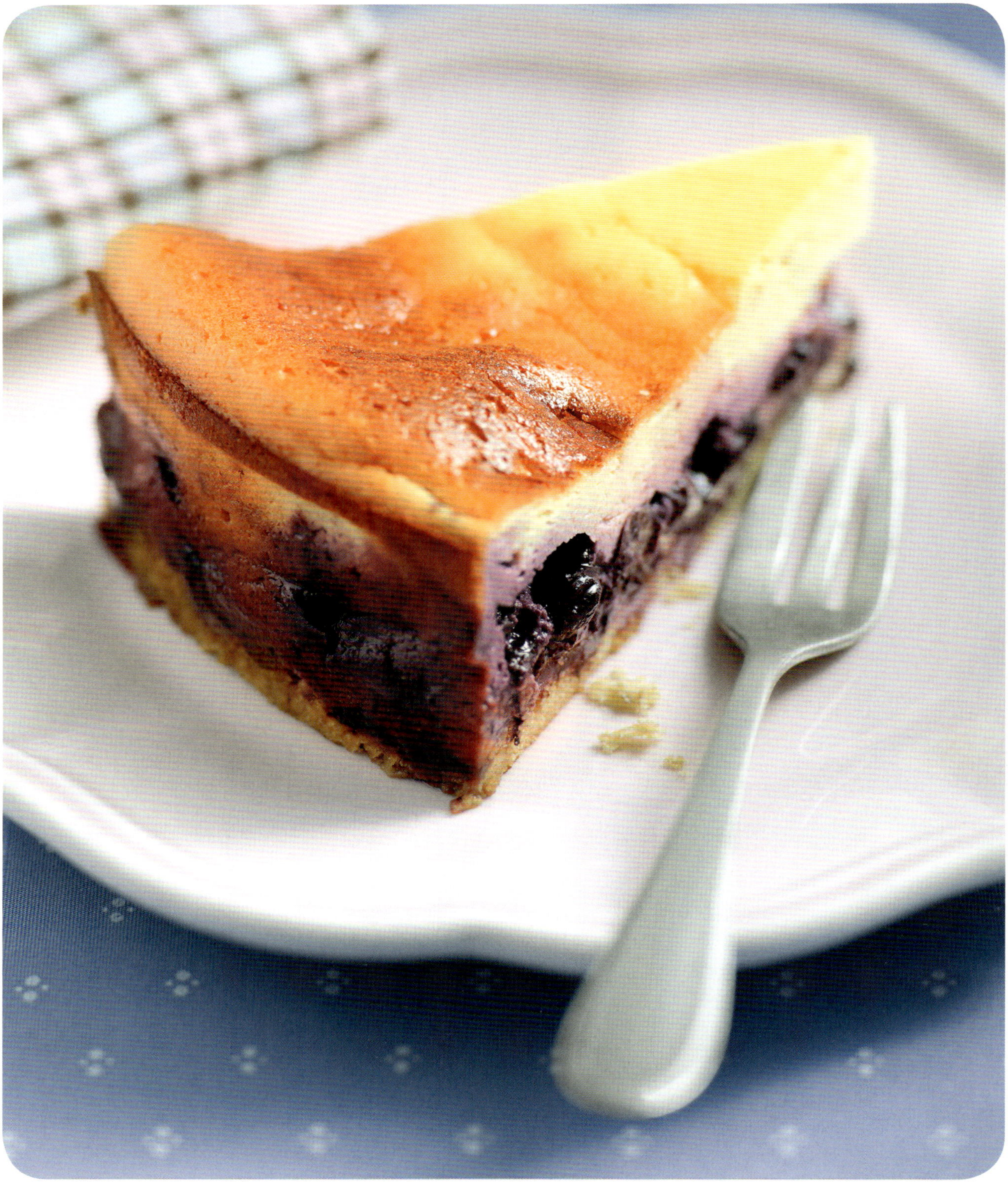

Heidelbeer-Käsekuchen

FÜR 12 KUCHENSTÜCKE

Mürbeteig

150 g weiche Butter
100 g Zucker
1 Prise Salz
1 Ei
250 g gesiebtes Mehl
5 g Backpulver
Butter für die Form

Belag

500 g Heidelbeeren
8 Mandelmakronen
500 g Quark (20 % Fett)
100 g Zucker
Saft und Schale von ½ unbehandelten Zitrone
2 EL Speisestärke
4 Eier
1 Prise Salz

Zubereitung Mürbeteig

Alle Zutaten mit einem Handrührgerät mit Knethaken zu einem glatten Teig verkneten. Zu einer Kugel formen, in Frischhaltefolie wickeln und mindestens 1 Stunde kalt legen.

Backofen auf 200 °C Ober- und Unterhitze vorheizen. Den Boden einer Springform (Ø 26 cm) mit Butter einfetten. Den Teig darauf ausrollen und mit dem Springformrand umstellen.

Zubereitung Belag

Heidelbeeren waschen, verlesen und abtropfen lassen. Makronen in einen Gefrierbeutel geben, verschließen und mit einer Teigrolle zermahlen. Quark mit Zucker, Zitronensaft, -schale und Speisestärke in eine Schüssel geben. 2 Eier trennen, Eiweiß mit Salz steif schlagen. Eigelbe mit den restlichen Eiern gründlich unter die Quarkmasse rühren. Das Eiweiß unterheben.

Fertigstellung

Die Makronenbrösel auf den Teig streuen, darauf die Heidelbeeren verteilen. Die Quarkmasse gleichmäßig auf den Heidelbeeren verstreichen und den Kuchen im vorgeheizten Backofen ca. 40 Minuten auf einer der unteren Schienen backen. Dann auf die mittlere Schiene setzen und in ca. 20 Minuten fertig backen. In der Form auskühlen lassen.

Himmlische Charlotte

FÜR 16 TORTENSTÜCKE

Mürbeteig

100 g Mehl
½ gestr. TL Backpulver
50 g Zucker
1 Päckchen Vanillezucker
1 Eiweiß
60 g weiche Butter
Butter zum Einfetten

Biskuitteig

Butter zum Einfetten
3 Eier
1 Eigelb
60 g Zucker
1 Päckchen Vanillezucker
80 g Mehl
½ gestr. TL Backpulver
300 g Himbeerkonfitüre

Füllung

300 g tiefgekühlte Himbeeren
100 g Kokosraspel
450 g Joghurt
120 g Zucker
2 Päckchen Vanillezucker
125 ml Kokoslikör
15 Blatt weiße Gelatine
800 ml Sahne

Zubereitung Mürbeteig

Mehl und Backpulver in eine Schüssel sieben. Mit den übrigen Zutaten mit einem Handrührgerät mit Knethaken zu einem glatten Teig verkneten. In Frischhaltefolie wickeln und ca. 1 Stunde kalt stellen. Backofen auf 200 °C Ober- und Unterhitze vorheizen. Einen Springformboden (Ø 26 cm) mit Butter einfetten. Den Teig auf dem Boden ausrollen und mit einer Gabel mehrmals einstechen. Im vorgeheizten Backofen auf dem Rost auf mittlerer Schiene ca. 12 Minuten backen. Den Boden herausnehmen und erkalten lassen.

Zubereitung Biskuitteig

Backofen auf 200 °C Ober- und Unterhitze vorheizen. Ein Backblech mit Butter einfetten und mit Backpapier belegen. Das Backpapier an der offenen Seite des Blechs zu einer Randfalte knicken. Eier und Eigelb in eine Schüssel geben und mit einem Handrührgerät schaumig aufschlagen. Zucker und Vanillezucker unter Rühren zufügen. Gesiebtes Mehl mit Backpulver mischen und unterrühren. Den Teig auf dem Backblech gleichmäßig verteilen und im vorgeheizten Backofen auf mittlerer Schiene ca. 8–10 Minuten backen. Ein Backpapier mit Zucker bestreuen, den fertigen Biskuit darauf stürzen und erkalten lassen. Dann das Backpapier abziehen. Konfitüre durch ein Sieb streichen und gleichmäßig auf der Biskuitplatte verstreichen. Die Platte dann von der langen Seite her aufrollen und in ca. 1 cm breite Scheiben schneiden. Eine runde Schüssel (Ø ca. 25 cm) erst mit Frischhaltefolie und dann mit den Biskuitscheiben auslegen.

Zubereitung Füllung

Himbeeren auftauen und auf einem Sieb gut abtropfen lassen. Kokosraspel in einer Pfanne ohne Zugabe von Fett goldgelb rösten, herausnehmen und erkalten lassen. Joghurt, Zucker, Vanillezucker und Likör in eine Schüssel geben und gut miteinander verrühren. Gelatine nach Packungsanweisung auflösen und mit 4 EL der Joghurtmasse verrühren. Dann die übrige Masse zufügen und mit einem Schneebesen gut verrühren. Sahne steif schlagen. Sobald die Joghurtmasse zu gelieren beginnt, Sahne und Kokosraspel mit einem Schneebesen unterheben. Zum Schluss die aufgetauten Himbeeren vorsichtig unterheben. Die Creme in die Schüssel mit den Biskuitscheiben füllen und glatt streichen. Den Mürbeteigboden auflegen und leicht andrücken. Die Torte abgedeckt mindestens 3 Stunden im Kühlschrank durchkühlen lassen.

Zutaten Fertigstellung

375g Ananaskonfitüre
30g Kokosraspel

Fertigstellung

Die Charlotte auf eine Tortenplatte stürzen, die Schüssel abnehmen und die Folie abziehen. Ananaskonfitüre durch ein Sieb streichen, aufkochen und die Charlotte gleichmäßig damit bestreichen. Mit Kokosraspeln bestreuen.

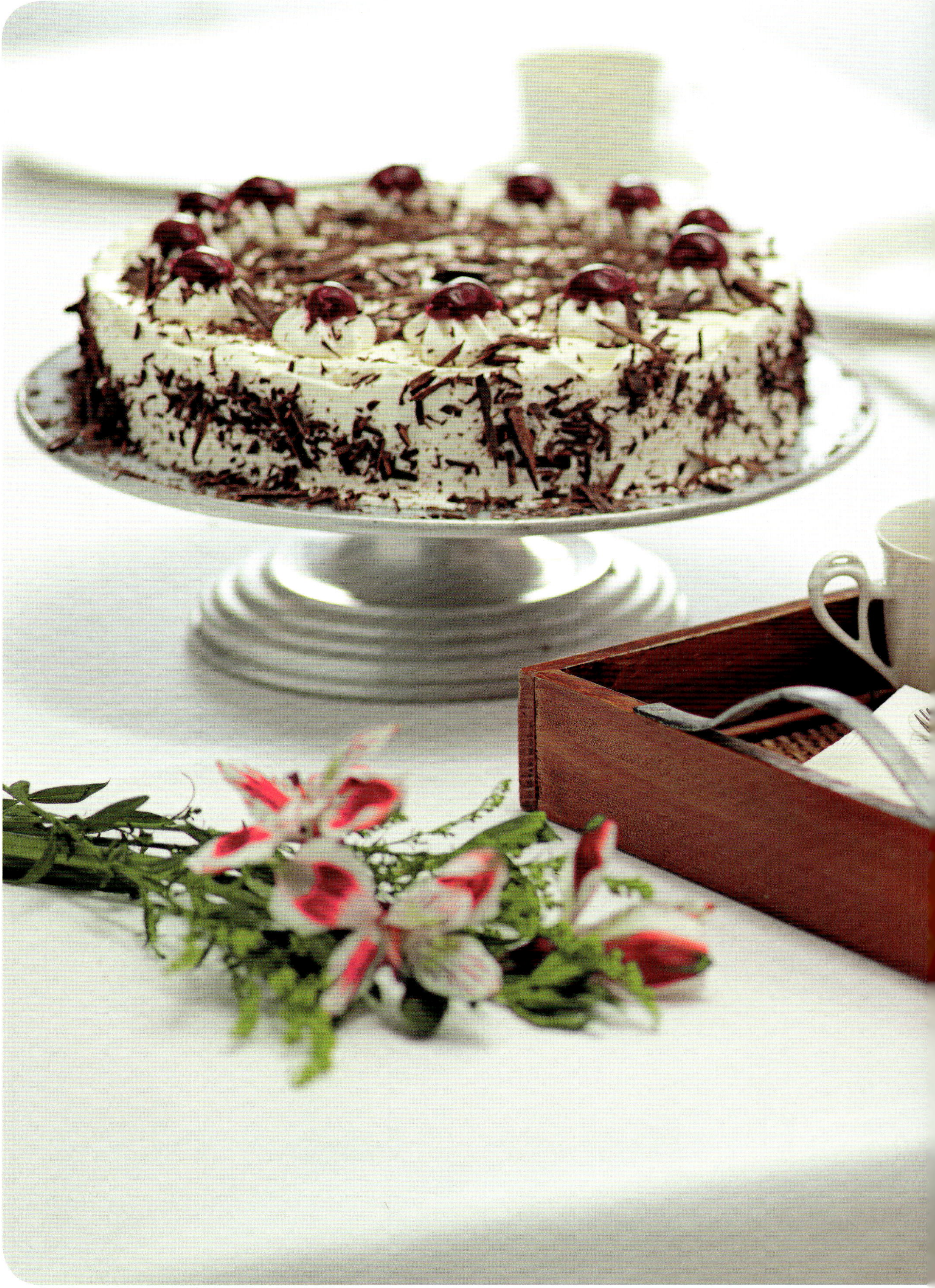

Torten

LIEBLINGSTORTE VON BAUER WILLI

Erdbeer-Sahne-Torte

FÜR 16 TORTENSTÜCKE

Biskuitteig

Butter für die Form
6 Eier
150g Zucker
160g Mehl
40g flüssige Butter

Zubereitung Biskuitteig

Backofen auf 180 °C Ober- und Unterhitze vorheizen. Eine Springform (Ø 26 cm) mit Butter einfetten, den Springformboden mit Backpapier auslegen. Einen Backpapierstreifen passend für den Rand zuschneiden und diesen damit auslegen.

Eier und Zucker in einer Schüssel über einem heißen Wasserbad mit einem Handrührgerät schaumig aufschlagen. Anschließend vom Wasserbad nehmen und kalt schlagen. Mehl dazusieben und mit einem Teigschaber vorsichtig unterheben. Zum Schluss die flüssige Butter unterrühren. Die Biskuitmasse in die vorbereitete Form füllen, glatt streichen und im vorgeheizten Backofen auf dem Rost auf mittlerer Schiene ca. 25 Minuten backen.

Auf einem Kuchengitter kurz stehen lassen, aus der Form lösen, stürzen, das Backpapier abziehen und vollständig auskühlen lassen. Anschließend den Boden waagerecht halbieren. Einen Boden mit einem Tortenring umlegen, den anderen einfrieren.

Erdbeersahne

3 Blatt rote Gelatine
3 Blatt weiße Gelatine
500g Erdbeeren
100g Puderzucker
2 EL Zitronensaft
500ml Sahne

Zubereitung Erdbeersahne

Gelatine in kaltem Wasser einweichen. Erdbeeren waschen und 6 schöne für die Dekoration beiseitelegen. Von den restlichen Erdbeeren 300g abwiegen, putzen, klein schneiden und mit dem Puderzucker mit einem Mixer pürieren. Durch ein Sieb in eine größere Schüssel streichen und mit Zitronensaft verrühren. Die Sahne mit einem Handrührgerät aufschlagen. Ausgedrückte Gelatine mit etwas Erdbeerpüree in einem kleinen Topf erwärmen, darin auflösen und zum restlichen Püree geben. Ein Drittel der geschlagenen Sahne mit einem Schneebesen zügig unterrühren, den Rest unterheben. Die Erdbeersahne rasch in den Tortenring füllen, glatt streichen und mindestens 2 Stunden kalt stellen.

Zutat Fertigstellung

50g geröstete gehobelte Mandeln

Fertigstellung

Den Kuchen aus der Form lösen und den Rand mit den Mandelblättchen verzieren. Für die Dekoration die restlichen Erdbeeren halbieren und damit verzieren. Die beiseitegelegten Erdbeeren in der Tortenmitte anrichten.

Schwimmbad-Torte

FÜR 16 TORTENSTÜCKE

Biskuitteig

Butter für die Form
4 Eier
325g Zucker
125ml Milch
100g weiche Butter
150g Mehl
1 TL Backpulver
100g gehobelte Mandeln

Zubereitung Biskuitteig

Backofen auf 200 °C Ober- und Unterhitze vorheizen. Eine Springform (Ø 26cm) mit Butter einfetten.
Eier trennen. Das Eiweiß mit einem Handrührgerät steif schlagen, währenddessen 200g Zucker einrieseln lassen. Eigelbe mit restlichem Zucker, Milch und Butter schaumig verrühren. Mehl und Backpulver dazusieben und verrühren. Die Hälfte des Teigs in die Springform füllen, mit der Hälfte des Eischnees bestreichen, 50g Mandeln darüber streuen und im vorgeheizten Backofen auf dem Rost auf mittlerer Schiene ca. 25 Minuten backen. Herausnehmen, aus der Form lösen und auskühlen lassen. Mit dem restlichen Teig ebenso verfahren.

Füllung

1 Glas Stachelbeeren (700 g)
1 Päckchen Tortenguss
1 EL Zucker

Zubereitung

Die Stachelbeeren auf einem Sieb abtropfen lassen. Den Saft dabei auffangen und 250 ml abmessen. Mit Tortenguss und Zucker kurz aufkochen. Die Stachelbeeren unterrühren und dann auf einem Boden gleichmäßig verteilen. Vollständig auskühlen lassen.

Zutaten Fertigstellung

400ml Sahne
1 Päckchen Vanillezucker
1 Päckchen Sahnesteif

Fertigstellung

Sahne mit Vanillezucker und Sahnesteif schlagen, auf den Stachelbeeren verteilen und mit dem zweiten Boden abdecken.

Ein nasser April verspricht der Früchte viel.

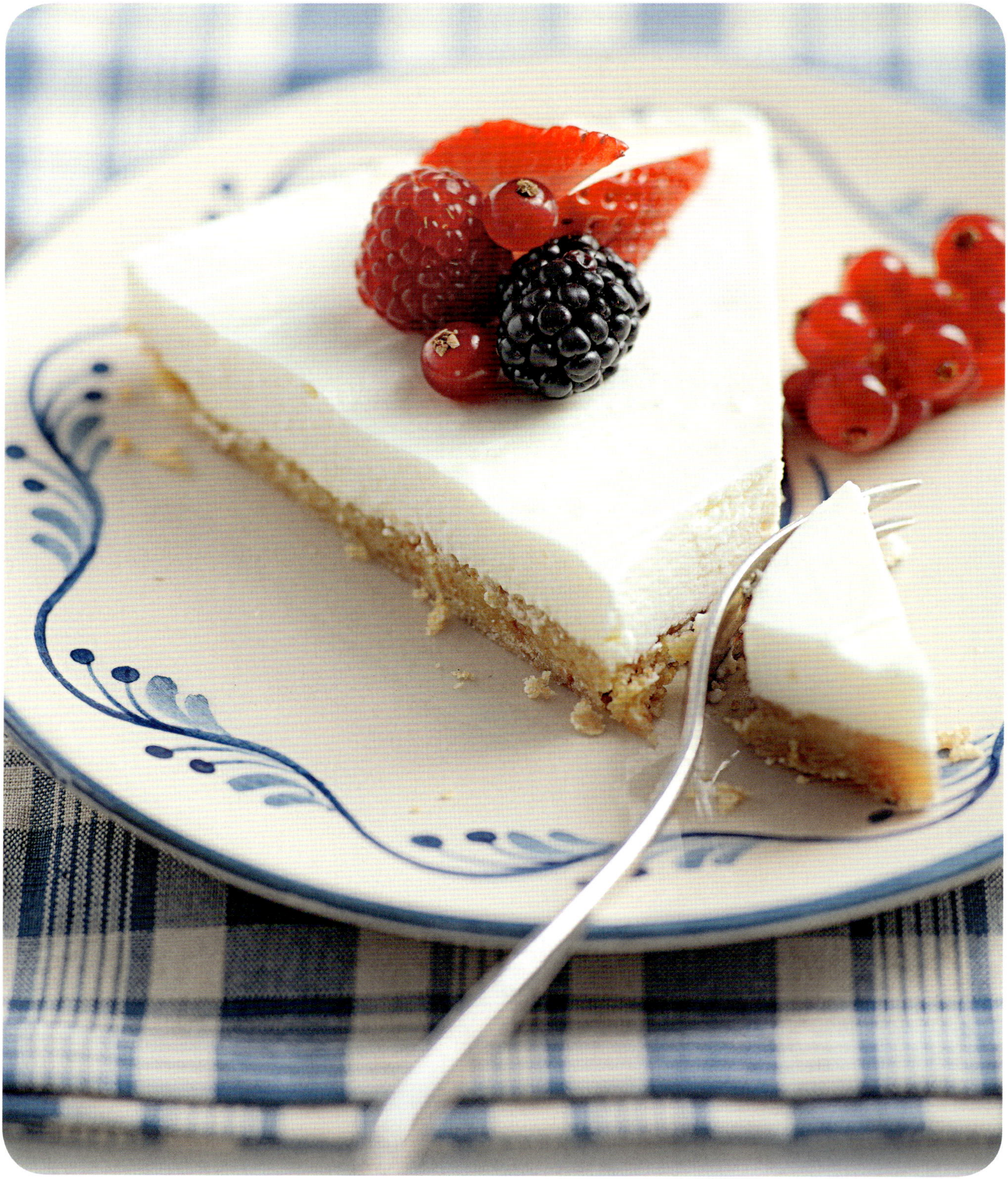

LIEBLINGSTORTE VON BAUER TORSTEN

Schnelle Frischkäsetorte

FÜR 12 TORTENSTÜCKE

Zutaten

150 g Löffelbiskuits
125 g Butter
600 g Frischkäse (Doppelrahmstufe)
300 g Joghurt
Saft von 1 großen Limette
1 Päckchen klarer Tortenguss
50 g Zucker
2 Päckchen Vanillezucker
150 ml Wasser
evtl. frische Früchte zum Garnieren

Zubereitung

Eine Springform (Ø 26 cm) mit Backpapier auslegen.

Löffelbiskuits in einen großen Gefrierbeutel geben, verschließen und mit einer Teigrolle oder den Händen vollständig zerbröseln.

Die Butter schmelzen und mit den Biskuitbröseln vermischen. Die Masse in die Springform drücken und fest werden lassen. Frischkäse, Joghurt und Limettensaft gut miteinander verrühren.

Tortenguss, Zucker, Vanillezucker und Wasser zusammen aufkochen und unter die Frischkäsecreme rühren. In die Springform füllen und glatt streichen.
Die Torte mindestens 3 Stunden in den Kühlschrank stellen. Vor dem Servieren nach Wunsch mit frischen Früchten garnieren.

Der Bauer jauchzt, die Bäu'rin lacht, wenn die Kuh 'nen Handstand macht.

Sekttorte

FÜR 16 TORTENSTÜCKE

Mürbeteig

50 g weiche Butter
50 g Zucker
1 Eigelb
Mark von ½ Vanilleschote
100 g gesiebtes Mehl
Butter zum Einfetten
2 EL Himbeergelee

Zubereitung Mürbeteig

Butter, Zucker, Eigelb, Vanillemark und Mehl mit einem Handrührgerät mit Knethaken zu einem glatten Teig verkneten. Zu einer Kugel formen, in Frischhaltefolie wickeln und ca. 1 Stunde kalt legen.
Backofen auf 180 °C Ober- und Unterhitze vorheizen. Den Boden einer Springform mit Butter einfetten, den Teig auf dem Springformboden ausrollen und mehrmals mit einer Gabel einstechen. Im vorgeheizten Backofen auf mittlerer Schiene ca. 10–15 Minuten backen. Herausnehmen, aus der Form lösen und erkalten lassen. Das Himbeergelee erwärmen und den Mürbeteig gleichmäßig damit bestreichen.

Biskuitteig

Butter für die Form
50 g Butter
4 Eier
150 g Zucker
Abrieb von
2 unbehandelten Zitronen
100 g Mehl
100 g Speisestärke

Zubereitung Biskuitteig

Den Boden einer Springform (Ø 26 cm) mit Butter fetten und mit Backpapier auslegen. Den Rand fetten und ebenfalls mit einem Backpapierstreifen belegen. Die Butter bei schwacher Hitze schmelzen. Eier trennen. Eiweiß mit einem Handrührgerät steif schlagen, nach und nach Zucker einrieseln lassen. Eigelbe zusammen mit dem Zitronenabrieb einrühren. Zum Schluss Mehl und Speisestärke sieben und unterheben.
Den Biskuitteig in die Springform füllen, glatt streichen und im vorgeheizten Backofen bei 180 °C Ober- und Unterhitze auf mittlerer Schiene ca. 25 Minuten backen. Herausnehmen, aus der Form lösen und abkühlen lassen. Den ausgekühlten Biskuitboden waagerecht halbieren. Einen Biskuitboden auf den Mürbeteigboden legen und mit einem Tortenring umstellen. Den restlichen Boden beiseitelegen.

Füllung

6 Blatt Gelatine
2 Eiweiß
100 ml Sahne
4 Eigelb
50 g Zucker
125 ml Sekt
Saft von 2 Zitronen

Zubereitung Füllung

Gelatine in kaltem Wasser einweichen. Eiweiß steif schlagen. Dann die Sahne steif schlagen. Eigelbe und Zucker mit einem Handrührgerät cremig rühren. Sekt und Zitronensaft unterrühren. Die Gelatine in einem kleinen Topf auflösen und 1 EL von der Masse unterrühren. Unter die Creme heben und kurz kalt stellen. Sobald die Masse zu gelieren beginnt, zunächst das steif geschlagene Eiweiß und dann die Sahne unterheben. Die Hälfte der Creme gleichmäßig auf dem Biskuit verstreichen. Den zweiten Boden auflegen und diesen mit der restlichen Creme bestreichen. Die Torte ca. 4 Stunden kalt stellen.

Zutaten Fertigstellung

50 g Himbeeren
75 g Baiser
75 g weiße Schokolade
300 ml Sahne

Fertigstellung

Himbeeren verlesen. Baiser in einen Gefrierbeutel geben, verschließen und zerbröseln. Von der Schokolade Späne abziehen. Die Sahne steif schlagen und die Torte damit samt Rand einstreichen. Mit Baiserbröseln, Himbeeren und Schokoladenspänen verzieren.

Schwarzwälder Kirschtorte

LIEBLINGSTORTE VON BAUER MAURIZIO

FÜR 12 TORTENSTÜCKE

Biskuitteig

Butter für die Form
150 g Mehl
20 g Kakaopulver
6 Eier
150 g Zucker
2 EL Wasser
20 g flüssige Butter

Zubereitung Biskuitteig

Backofen auf 180 °C Ober- und Unterhitze vorheizen. Eine Springform (Ø 26 cm) mit Butter einfetten und den Boden mit Backpapier auslegen. Auch für den Rand einen passenden Backpapierstreifen zuschneiden und den Rand damit auslegen. Mehl und Kakaopulver mischen und sieben. Eier trennen. Eiweiß und 50 g Zucker mit einem Handrührgerät zu Schnee schlagen. Eigelbe mit restlichem Zucker schaumig aufschlagen. Maximal ein Drittel des Eischnees mit einem Teigschaber unter die Eigelbmasse rühren. Den Rest im Wechsel mit der Mehl-Kakao-Mischung vorsichtig unterheben. Zum Schluss Wasser sowie flüssige Butter einrühren. Den Teig in die vorbereitete Backform füllen und auf dem Rost auf mittlerer Schiene ca. 25 Minuten backen. Aus der Form lösen, stürzen, Backpapier abziehen und vollständig auskühlen lassen. Den Boden einmal quer durchschneiden, sodass zwei Tortenböden entstehen.

Kirschkompott

1 Glas Schattenmorellen (720 ml)
25 g Speisestärke
50 g Zucker
1 Spritzer Zitronensaft

Zubereitung Kirschkompott

Kirschen in einem Sieb abtropfen lassen, Saft auffangen und 150 ml davon abmessen. 6 schöne Kirschen halbieren und für die Dekoration beiseitelegen. Speisestärke mit Zucker sowie 50 ml Kirschsaft anrühren und unter ständigem Rühren mit einem Schneebesen aufkochen, bis der Guss klar wird. Von der Kochstelle nehmen, Kirschen vorsichtig unterheben, mit Zitronensaft abschmecken und zur Seite stellen.

Sahnecreme

3 Blatt Gelatine
300 ml Sahne
50 g Zucker
2 EL Kirschwasser

Zubereitung Sahnecreme

Gelatine in kaltem Wasser einweichen. Sahne mit einem Handrührgerät leicht aufschlagen, Zucker zugeben und weiterschlagen, bis sie leicht fest ist. Gelatine ausdrücken, vorsichtig erwärmen und unter Rühren auflösen. Kirschwasser sowie 1 EL Sahne unterrühren und unter die restliche geschlagene Sahne heben.

Zutaten Fertigstellung

100 ml Kirschsaft
3 EL Kirschwasser
1 EL Puderzucker
200 ml Sahne
100 g Schokoladenraspel

Fertigstellung

Den Springformrand oder einen Tortenring um eine der beiden Bodenhälften legen und mit Kirschkompott bedecken. Den zweiten Biskuit darauf legen und leicht andrücken. Restlichen Kirschsaft mit Kirschwasser und Puderzucker glatt rühren und den Boden damit tränken. Die Sahnecreme darüber geben und glatt streichen. Die Torte für mindestens 2 Stunden kalt stellen. Anschließend aus dem Ring lösen.

Sahne aufschlagen, mit zwei Dritteln davon den Tortenrand einstreichen. Die restliche Sahne in Tupfen auf die Torte spritzen, mit je einer halbierten Kirsche verzieren, außerdem die Schokoladenraspel auf der Tortenoberfläche verteilen.

Wenn der Holunder blüht, sind die Hühner müd'.

Käsesahnetorte

FÜR 16 TORTENSTÜCKE

Biskuitteig

Butter für die Form
6 Eier
150g Zucker
160g Mehl
40g flüssige Butter
1–2 EL Konfitüre

Zubereitung Biskuitteig

Backofen auf 180 °C Ober- und Unterhitze vorheizen. Eine Springform (Ø 26 cm) mit Butter einfetten und den Springformboden mit Backpapier belegen. Einen Backpapierstreifen passend für den Springformrand ausschneiden und diesen damit belegen.
Eier und Zucker in eine Schüssel geben und über einem heißen Wasserbad mit einem Handrührgerät cremig aufschlagen. Anschließend kalt schlagen. Das Mehl dazusieben und mit einem Teigschaber unterheben. Die flüssige Butter einlaufen lassen und unterrühren. Die Masse in die vorbereitete Springform füllen und im vorgeheizten Backofen auf dem Rost auf mittlerer Schiene ca. 30 Minuten backen. Auskühlen lassen und den Boden einmal waagerecht durchschneiden. Einen Biskuitboden mit der Konfitüre bestreichen und mit einem Tortenring umstellen. Den anderen in 16 Stücke schneiden.

Füllung

6 Blatt Gelatine
100g Milch
175g Zucker
3 Eigelb
500ml Sahne
500g Speisequark (20 %)
Mark von ½ Vanilleschote
1 EL Zitronensaft
1 Prise Salz
25g Rosinen
1 Dose Mandarinen (300 g)

Zubereitung Füllung

Gelatine in kaltem Wasser einweichen. Milch und Zucker aufkochen, Eigelbe mit einem Schneebesen unterrühren und unter ständigem Rühren zu einer Creme kochen. Mit Frischhaltefolie abdecken und abkühlen lassen.
Die Sahne nur leicht aufschlagen. Quark, Vanillemark, Zitronensaft und Salz unter die Creme rühren. Ausgedrückte Gelatine erwärmen und auflösen. Mit 1 EL gekochter Creme verrühren und alles unter die Eiercreme heben. Zunächst ein Drittel der leicht aufgeschlagenen Sahne mit einem Schneebesen zügig unterrühren, dann den Rest unterheben.
Biskuitboden im Tortenring mit Rosinen bestreuen. Abgetropfte Mandarinen darauf verteilen. Die Käsesahne einfüllen, glatt streichen und mit den Biskuitstücken belegen. Anschließend mindestens 2 Stunden kalt stellen.

Zutaten Fertigstellung

50ml Sahne
Puderzucker zum Bestäuben

Fertigstellung

Den Kuchen aus dem Ring lösen. Die Sahne gut steif schlagen, den Tortenrand damit glatt einstreichen und die Oberfläche mit Puderzucker bestäuben. Nochmals ca. 30 Minuten kalt stellen.

Nuss-Sahne-Torte

FÜR 16 TORTENSTÜCKE

Biskuitteig

Butter für die Form
6 Eier
150g Zucker
160g Mehl
40g flüssige Butter

Zubereitung Biskuitteig

Backofen auf 180 °C Ober- und Unterhitze vorheizen. Eine Springform (Ø 26cm) mit Butter einfetten, den Springformboden mit Backpapier auslegen. Einen Backpapierstreifen passend für den Rand zuschneiden und diesen damit auslegen. Eier und Zucker in eine Schüssel geben und über einem heißen Wasserbad mit einem Handrührgerät cremig aufschlagen. Anschließend kalt schlagen. Das Mehl dazusieben und mit einem Teigschaber unterheben. Die flüssige Butter einlaufen lassen und unterrühren. Die Biskuitmasse in die vorbereitete Form füllen, glatt streichen und im vorgeheizten Backofen auf dem Rost auf mittlerer Schiene ca. 25 Minuten backen.

Den Biskuit auf einem Kuchengitter kurz stehen lassen, aus der Form lösen, stürzen, das Backpapier abziehen und vollständig auskühlen lassen. Anschließend den Boden waagerecht halbieren, sodass zwei Tortenböden entstehen. Einen Boden mit einem Tortenring oder gesäuberten Springformrand umlegen.

Füllung

400ml Sahne
5 Blatt Gelatine
1 Päckchen Vanillezucker
150g gehackte Haselnüsse

Zubereitung Füllung

Die Sahne steif schlagen. Die Gelatine nach Packungsanweisung einweichen und auflösen. Die aufgelöste Gelatine mit einem Drittel der Sahne verrühren, dann die restliche Sahne unterheben. Vanillezucker unterrühren und die gehackten Haselnüsse unterheben.

Fertigstellung

Zutaten Fertigstellung

250ml Sahne
1 Päckchen Sahnesteif
16 Haselnüsse
50g gehackte Haselnüsse

Die Sahne-Nusscreme auf dem Biskuitboden gleichmäßig verstreichen. Den zweiten Boden auflegen. Die Sahne mit dem Sahnesteif schlagen. Etwas davon in einen Spritzbeutel mit Sterntülle füllen und für die Dekoration in den Kühlschrank legen. Etwa ein Drittel der steifgeschlagenen Sahne für den Tortenrand ebenfalls kühlen. Mit der restlichen Sahne die Torte gleichmäßig bestreichen. Mindestens 2 Stunden kalt stellen. Anschließend aus dem Tortenring lösen und mit der restlichen Sahne den Tortenrand einstreichen. Mit dem Spritzbeutel 16 Sahne-Rosetten auf die Torte spritzen und jeweils 1 Haselnuss darauf setzen. Die Torte mit den gehackten Haselnüssen nach Wunsch verzieren.

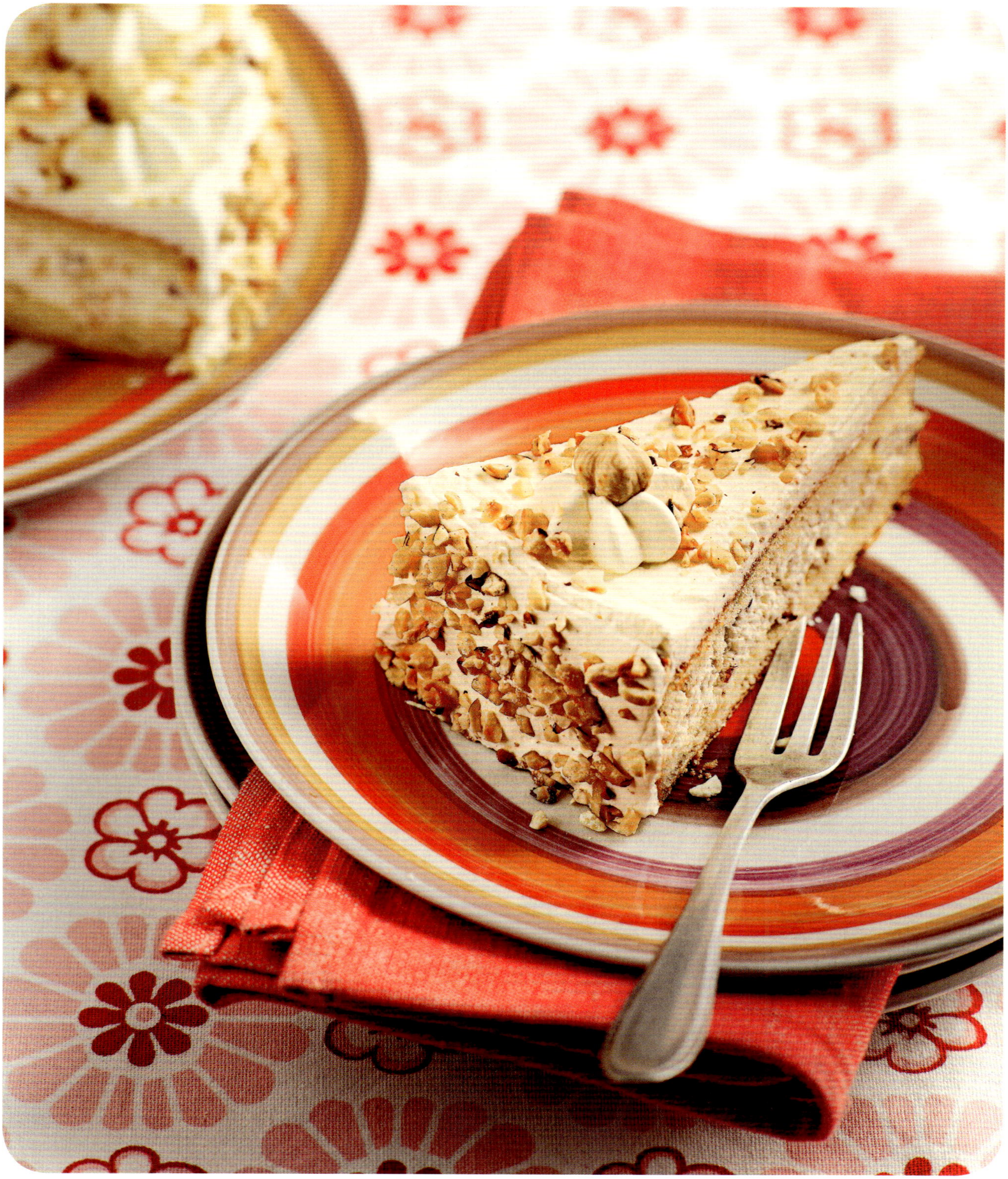

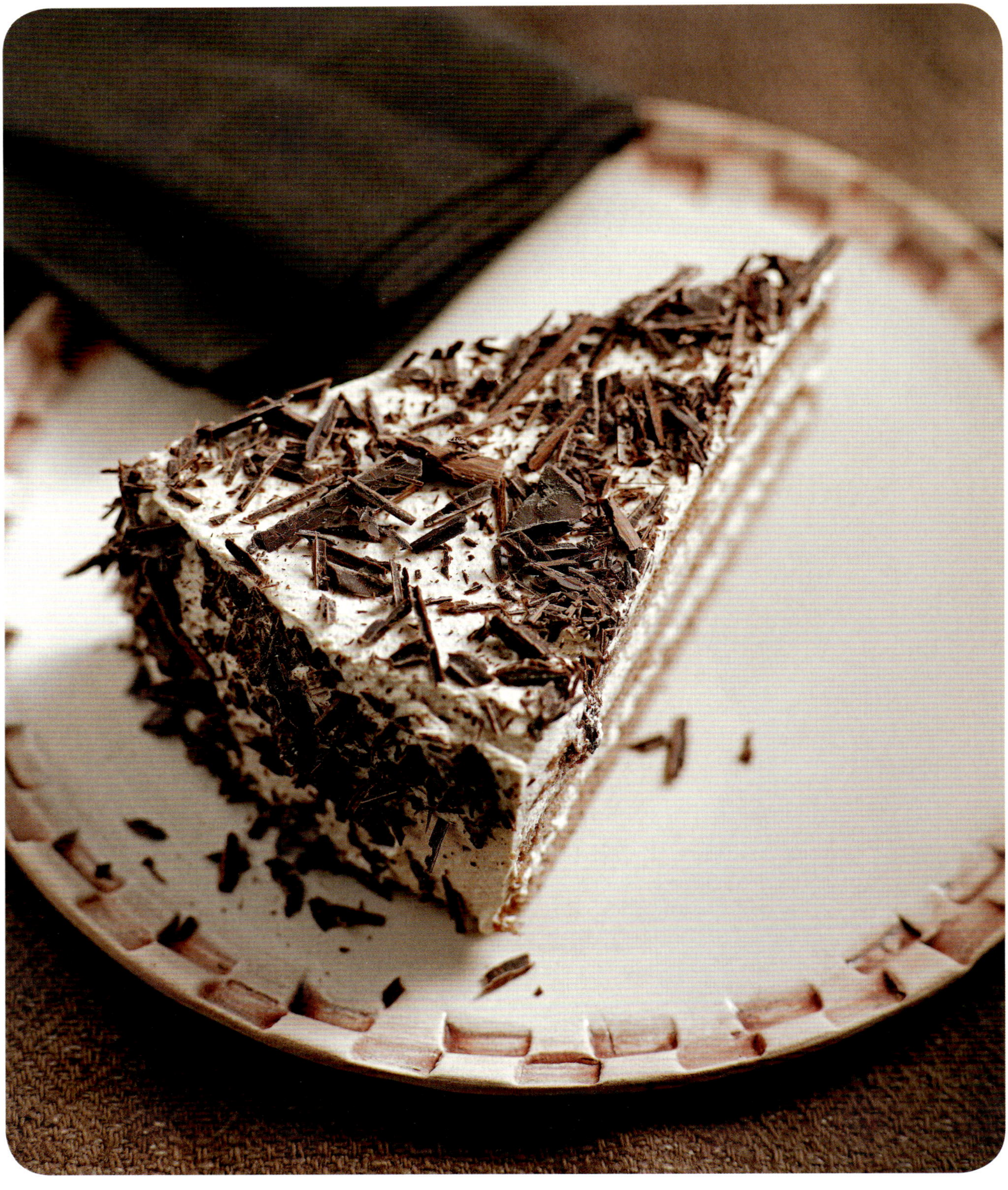

Mokka-Sahne-Torte

FÜR 16 TORTENSTÜCKE

Biskuitteig

5 Eier
150 g Zucker
2 EL Instant-Kaffeepulver
30 g Mehl
30 g Speisestärke
1 TL Backpulver
200 g gemahlene Mandeln
9 EL Kaffeelikör (ersatzweise starker Kaffee)

Zubereitung Biskuitteig

Backofen auf 180 °C Ober- und Unterhitze vorheizen. Den Boden einer Springform (Ø 26 cm) mit Backpapier auslegen. Aus Backpapier einen Streifen für den Rand zuschneiden und in die Form einlegen.

Eier trennen. Das Eiweiß mit einem Handrührgerät steif schlagen. Die Eigelbe mit dem Zucker mit einem Handrührgerät cremig aufschlagen. 2 EL Kaffeepulver in heißem Wasser auflösen und unter die Eimasse rühren. Eischnee unterheben. Mehl, Speisestärke und Backpulver in eine Schüssel sieben. Mandeln untermischen und ebenfalls unter die Eimasse heben.
Teig in die Springform füllen und im vorgeheizten Backofen auf dem Rost auf mittlerer Schiene ca. 30–35 Minuten backen. Aus dem Ofen nehmen, auskühlen lassen, aus der Form lösen und zweimal waagerecht durchschneiden, sodass drei Tortenböden entstehen. Die drei Böden mit Kaffeelikör tränken.

Füllung

4 EL Instant-Kaffeepulver
800 ml Sahne
50 g Zucker
100 g geraspelte Mokkaschokolade

Zubereitung Füllung

Kaffeepulver in 1 EL heißem Wasser auflösen. Sahne und Zucker mit einem Handrührgerät steif schlagen. Das aufgelöste Kaffeepulver unterrühren. Die Hälfte der Mokka-Sahne gleichmäßig auf dem unteren und mittleren Boden verstreichen. Die Böden aufeinander setzen, die Torte mit der restlichen Sahne überziehen und mit den Schokoraspeln bestreuen. Die Torte ca. 2 Stunden kalt stellen.

Festliche Kaffeetafel

Die Verwandtschaft hat sich angesagt! Und wenn die ganze Familie mal wieder auf einem Haufen versammelt ist, dann möchten Sie sie natürlich mit ganz besonderen Leckerbissen verwöhnen.

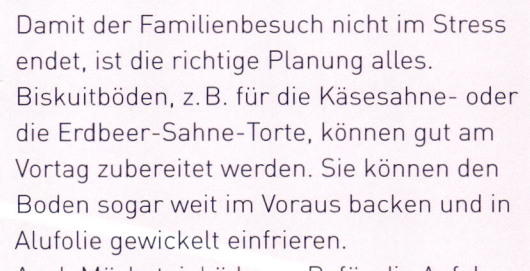

Ideen für Ihre Kuchentafel

Schokoladenkuchen (S. 18)

Zitronen-Biskuitrollen (S. 34)

Bienenstich (S. 27)

Käsesahnetorte (S. 97)

Rumbombe (S. 108)

Damit der Familienbesuch nicht im Stress endet, ist die richtige Planung alles. Biskuitböden, z. B. für die Käsesahne- oder die Erdbeer-Sahne-Torte, können gut am Vortag zubereitet werden. Sie können den Boden sogar weit im Voraus backen und in Alufolie gewickelt einfrieren.
Auch Mürbeteigböden, z. B. für die Apfeltarte, lassen sich gut einen Tag vorher fertig stellen und im Kühlschrank lagern. Der Versunkene Kirschkuchen oder die zitronigen Butterkeksschnitten schmecken sogar besser, wenn sie über Nacht durchgezogen sind.

Tipps für die Dekoration

Kerzen und frische Blumen dürfen auf keinem schön gedeckten Tisch fehlen. Ansonsten orientieren Sie sich an der Jahreszeit:

Frühling: grüne Zweige, erste Blüten
Sommer: Sonnenblumen
Herbst: buntes Laub, Zierkürbisse
Winter: Tannenzapfen, Tannengrün

Neben Torten und Kuchen haben auch süße Kleinigkeiten ihren festen Platz auf dem Kaffeetisch. Zu den Lieblingen von Groß und Klein zählen Nussecken, Windbeutel oder Brownies.
Besonders schnell gehen Blätterteiggebäck wie Apfeltaschen und Nusskämme oder Muffins. Und wenn Kinder zu Besuch sind, können Sie sie mit frisch gebackenen Waffeln überraschen.

Blitzschnelle Kuchenideen

Prasselkuchen (S. 60)
Schnelle Frischkäsetorte (S. 91)
Schwarzer Johannisbeerkuchen (S. 81)
Käsekuchen ohne Boden (S. 24)
Omas Marmorkuchen (S. 8)

Omas Sacher Torte

FÜR 16 TORTENSTÜCKE

Schokoladenbiskuit

Butter für die Form
100 g Zartbitterkuvertüre
6 Eier
150 g Zucker
1 Prise Salz
1 Vanilleschote
150 g weiche Butter
100 g Mehl
50 g Speisestärke
25 g Kakaopulver
10 g Backpulver

Zubereitung Schokoladenbiskuit

Backofen auf 180 °C Ober- und Unterhitze vorheizen. Eine Springform (Ø 26 cm) mit Butter einfetten, den Springformboden mit Backpapier auslegen. Einen Backpapierstreifen passend für den Springformrand zuschneiden und diesen damit auslegen.

Zunächst die Kuvertüre in einer Schüssel über einem heißen Wasserbad schmelzen. Die Eier trennen. Eiweiß mit einem Handrührgerät mit 75 g Zucker und Salz steif schlagen. Das Mark aus der Vanilleschote herauskratzen, zusammen mit der Butter und dem restlichen Zucker schaumig schlagen. Eigelbe nach und nach zugeben. Mehl, Speisestärke, Kakao- und Backpulver mischen und sieben.
Die flüssige Kuvertüre zur Buttermasse geben und gut verrühren. Dann mit einem Teigschaber zuerst den Eischnee und anschließend die Mehlmischung vorsichtig unterheben. In die Form füllen und im vorgeheizten Backofen auf dem Rost auf mittlerer Schiene ca. 50 Minuten backen. Auf einem Kuchengitter auskühlen lassen, aus der Form lösen, Boden stürzen, Backpapier abziehen und vollständig auskühlen lassen.

Füllung und Überzug

300 g Aprikosenkonfitüre
1 Marzipandecke (ca. 300 g)
200 g Zartbitterkuvertüre
2 TL neutrales Öl

Zubereitung Füllung und Überzug

Den Boden waagerecht halbieren. Einen der Böden mit kalter Aprikosenkonfitüre bestreichen und den zweiten obenauf legen. Die restliche Aprikosenkonfitüre in einem kleinen Topf erwärmen und die Torte damit bestreichen.

Mit der Marzipandecke vollständig abdecken und auf ein Kuchengitter setzen. Unter das Gitter einen Bogen Backpapier legen.

Zum Überziehen die Kuvertüre fein hacken und mit dem Öl in einer Schüssel über einem heißen Wasserbad schmelzen. Die Torte mit der Kuvertüre übergießen, mit einem Messer gleichmäßig verstreichen und das Gitter etwas aufklopfen, so verteilt sich die Kuvertüre gleichmäßig. Anschließend fest werden lassen.

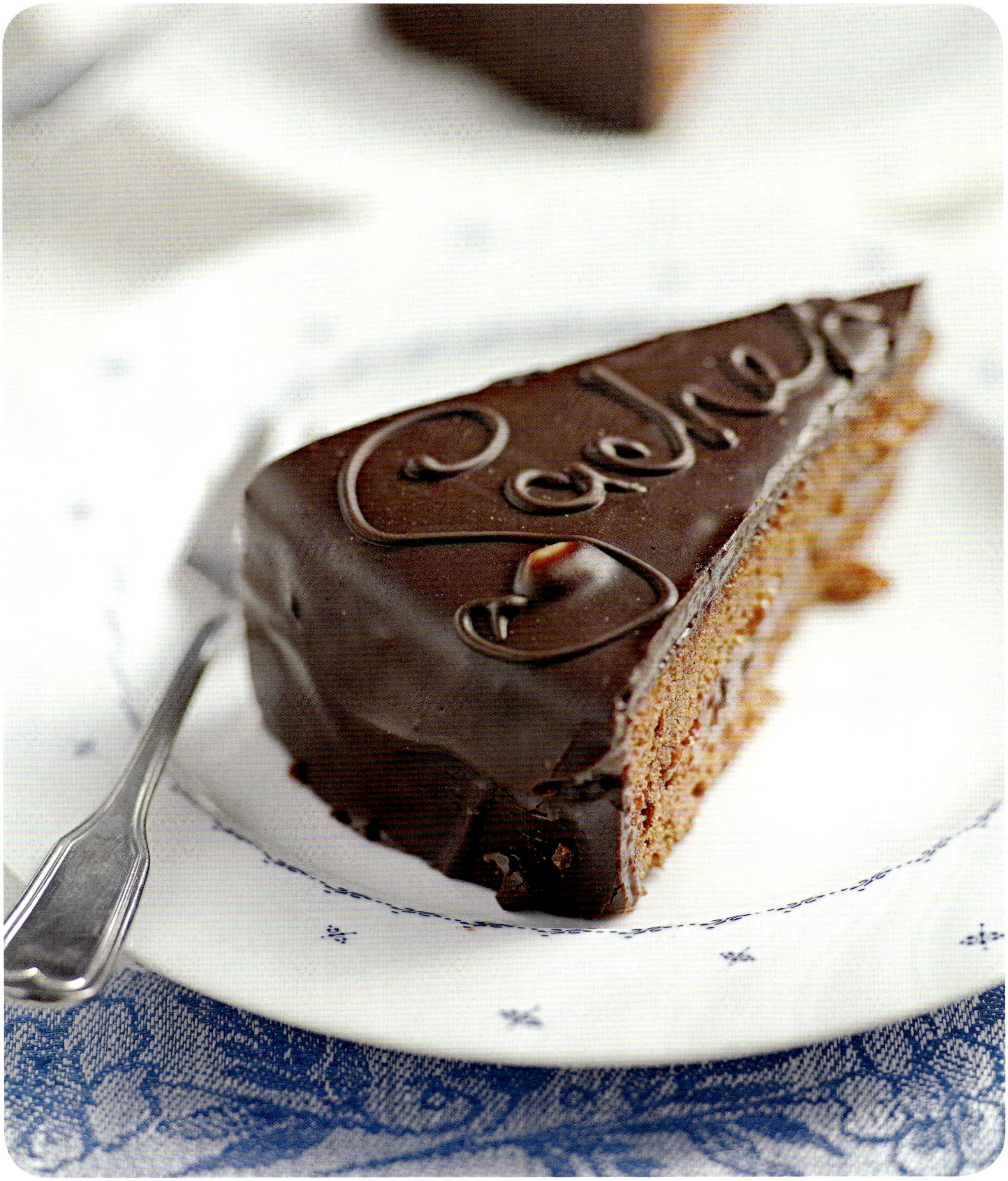

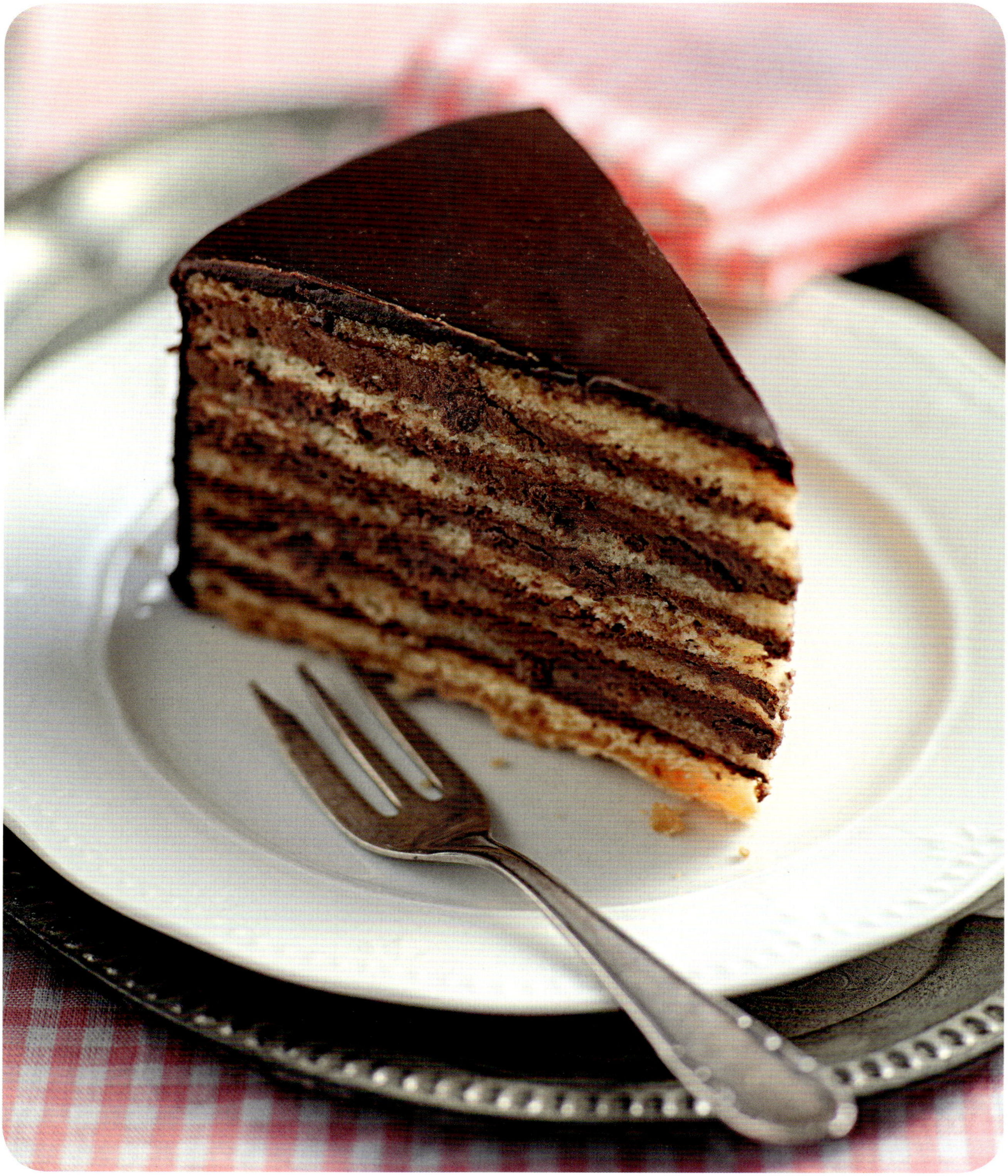

Prinzregententorte

FÜR 16 TORTENSTÜCKE

Zubereitung Biskuitteig

Biskuitteig

Butter für die Form
250g weiche Butter
250g Zucker
1 Päckchen Vanillezucker
1 Prise Salz
4 Eier
200g Mehl
50g Speisestärke
1 gestr. TL Backpulver

Backofen auf 180°C Ober- und Unterhitze vorheizen. Einen Springformboden (Ø 26cm) mit Butter einfetten und mit Backpapier belegen.
Butter mit Zucker, Vanillezucker und Salz mit einem Handrührgerät verrühren. Jedes Ei etwa ½ Minute auf höchster Stufe unterrühren.
Mehl mit Speisestärke und Backpulver mischen, sieben und in zwei Portionen kurz auf mittlerer Stufe unterrühren. Aus dem Teig nacheinander 7–8 Böden backen, dazu jeweils gut 3 Esslöffel Teig gleichmäßig auf den Springformboden streichen. Jeden Boden ohne Springformrand in den vorgeheizten Backofen schieben und auf dem Rost auf mittlerer Schiene ca. 8 Minuten hellbraun backen. Die Böden sofort nach dem Backen vom Springformboden lösen und einzeln auf einem Kuchenrost erkalten lassen, anschließend das Backpapier abziehen.

Zubereitung Buttercreme

Buttercreme

1 Päckchen Schokoladenpuddingpulver
500ml Milch
100g Zucker
250g weiche Butter

Pudding nach Packungsanweisung mit Milch, aber mit 100g Zucker, zubereiten. Abkühlen lassen und dabei gelegentlich durchrühren. Die Butter in eine Schüssel geben und mit einem Handrührgerät verrühren. Den erkalteten Pudding esslöffelweise unter die Butter rühren, dabei darauf achten, dass Butter und Pudding Zimmertemperatur haben, da die Buttercreme sonst gerinnt. Die einzelnen Böden mit der Buttercreme bestreichen und zu einer Torte zusammensetzen, die oberste Schicht soll aus einem Boden bestehen.

Fertigstellung

Zutaten Fertigstellung

200g Zartbitterschokolade
1 EL neutrales Öl

Für den Guss die Schokolade grob zerkleinern und mit Öl über einem Wasserbad unter Rühren schmelzen. Den Guss mitten auf die Torte gießen und durch „Bewegen" der Torte auf der Oberfläche und am Rand gleichmäßig verlaufen lassen, dabei den Guss evtl. am Rand mit einem Messer verstreichen. Um eine gleichmäßige Oberfläche zu erhalten, die Torte auf der Platte „aufklopfen". Den Guss fest werden lassen und die Torte bis zum Servieren kalt stellen.

Rumbombe

FÜR 16 TORTENSTÜCKE

Biskuitteig

6 Eier
4 EL warmes Wasser
300 g Zucker
1 Päckchen Vanillezucker
250 g Mehl
50 g Speisestärke
1 gestr. TL Backpulver
4 EL Kirschkonfitüre

Belag

1 Päckchen Vanille-
puddingpulver
2 Eigelb
500 ml Milch
4 EL Zucker
250 g weiche Butter
100 ml Rum

Zutaten Fertigstellung

250 g Zartbitterkuvertüre
2 EL neutrales Öl

Zubereitung Biskuitteig

Backofen auf 200 °C Ober- und Unterhitze vorheizen. Den Boden einer Springform (Ø 26 cm) mit Backpapier belegen. Aus Backpapier einen Streifen für den Springformrand zuschneiden und diesen damit auslegen.
Eier und Wasser mit einem Handrührgerät 6–8 Minuten dickschaumig aufschlagen. Währenddessen Zucker und Vanillezucker einrieseln lassen. Mehl, Stärke und Backpulver mischen, auf die Eimasse sieben und unterheben. Den Teig in die Form füllen, glatt streichen und im vorgeheizten Backofen auf dem Rost auf mittlerer Schiene ca. 35–40 Minuten backen. Aus dem Ofen nehmen, etwas abkühlen lassen, dann aus der Form stürzen, Backpapier abziehen und erkalten lassen. Zwei Drittel des Biskuits von oben abschneiden und zerbröseln. Den Biskuitboden mit der Konfitüre bestreichen.

Zubereitung Belag

Puddingpulver mit Eigelben, etwas Milch und dem Zucker verrühren. Die restliche Milch aufkochen. Angerührtes Puddingpulver einrühren, aufkochen und vom Herd nehmen. Auskühlen lassen. Die Butter schaumig rühren und den Pudding löffelweise unterheben. Biskuitbrösel und Rum ebenfalls untermischen.

Fertigstellung

Die Creme kuppelförmig auf dem Biskuitboden verteilen. Die Kuppel mit einem angefeuchteten Teigschaber glatt streichen und die Torte ca. 1–2 Stunden in den Kühlschrank stellen.
Kuvertüre grob hacken und mit dem Öl über einem heißen Wasserbad schmelzen. Etwas abkühlen lassen, gleichmäßig auf der Kuppel verteilen und ca. 1 Stunde kühl stellen.

Tipp

Sie können die Kuvertüre auch weglassen und die Kuppel mit etwas abgebundenem Eierlikör verzieren.

LIEBLINGSTORTE VON BAUER ANDREAS

Kleine Eistorte

FÜR 10 TORTENSTÜCKE

Zutaten

2 Mangos
100 g Puderzucker
250 g Mascarpone
250 g Sahne
300 g Vanillejoghurt
10 Kokospralinen zum Garnieren

Zubereitung

Mangos schälen und das Fruchtfleisch vom Stein schneiden. Etwas mehr als die Hälfte des Fruchtfleischs mit 80 g Puderzucker und Mascarpone pürieren.

Sahne und Vanillejoghurt unterrühren. Die Masse in eine Spring- oder Kuppelform (Ø 20 cm) füllen und am besten über Nacht, mindestens aber 6 Stunden, tiefkühlen.

Die Eistorte etwa 15 Minuten vor dem Servieren aus der Tiefkühltruhe nehmen. Das restliche Mangofruchtfleisch mit dem restlichen Puderzucker pürieren. Die Torte aus der Form lösen und auf einer Platte anrichten. Das Mangopüree über die Torte gießen und mit den Kokospralinen garniert servieren.

Wird das Obst sehr langsam reif, gibt's im Winter statt Eis nur Reif.

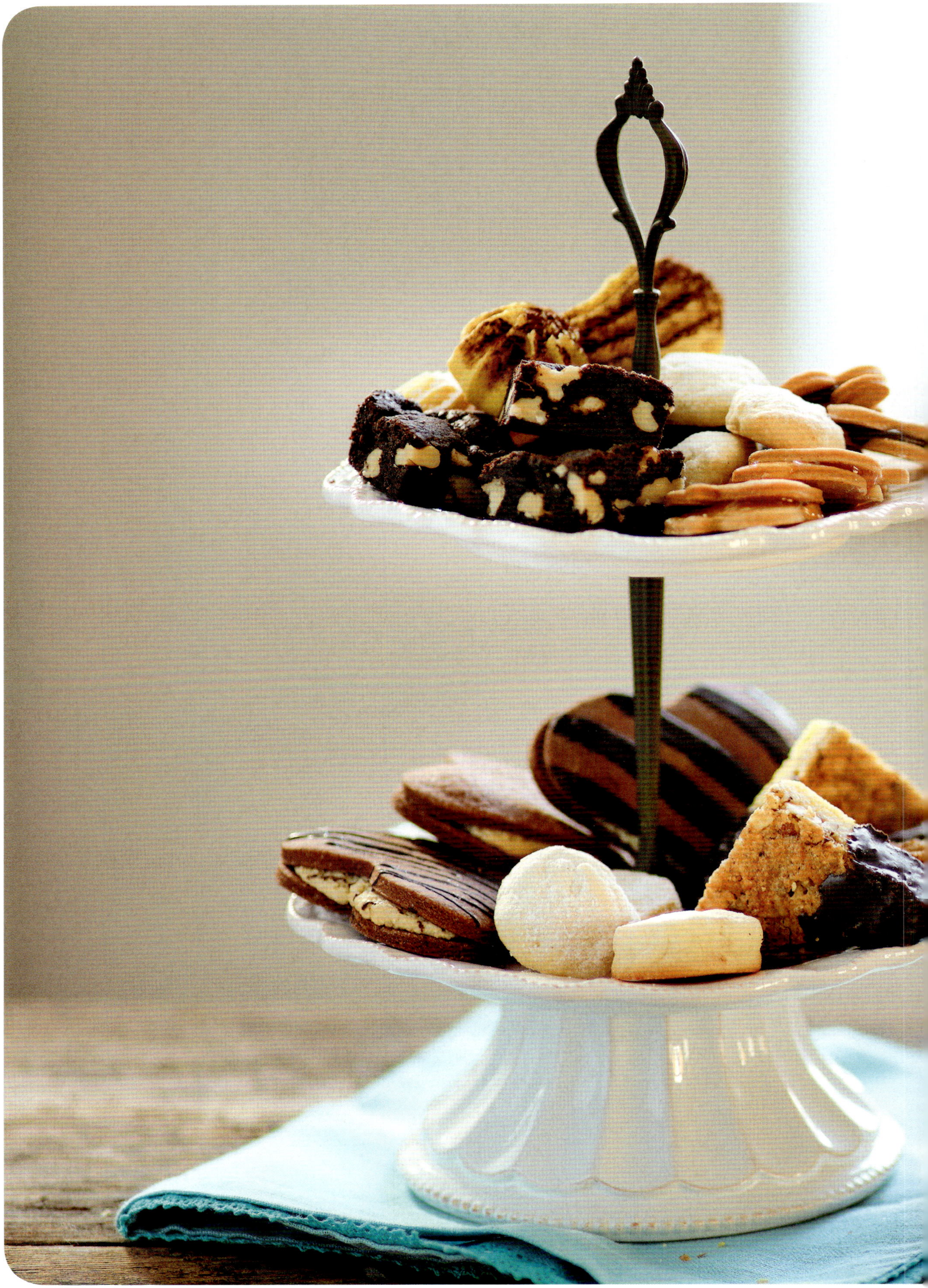

Kleines Gebäck

Obsttörtchen

FÜR 12 TÖRTCHEN

Mürbeteig

150 g weiche Butter
100 g Zucker
1 Prise Salz
1 Ei
250 g gesiebtes Mehl
5 g Backpulver
Butter für die Förmchen
Mehl zum Bearbeiten

Zubereitung Mürbeteig

Butter, Zucker, Salz, Ei, Mehl und Backpulver mit einem Handrührgerät mit Knethaken zu einem glatten Teig verkneten. Zu einer Kugel formen, in Frischhaltefolie wickeln und mindestens 1 Stunde kalt legen.

Backofen auf 200 °C Ober- und Unterhitze vorheizen. Die Tortelettförmchen (Ø 10 cm) mit Butter einfetten.

Den Teig auf einer leicht bemehlten Arbeitsfläche dünn ausrollen und 12 Kreise von der Größe der Tortelettförmchen ausstechen. Den Teig in die Förmchen legen, leicht andrücken und mehrmals mit einer Gabel einstechen. Im vorgeheizten Backofen auf der mittleren Schiene ca. 12 Minuten backen. Die Törtchen sofort nach dem Backen aus der Form stürzen und auf einem Kuchenrost erkalten lassen.

Belag

1 Päckchen Sahnesteif
600 g frisches Obst, z. B. Erdbeeren, Himbeeren, Weintrauben
etwas Zucker

Zubereitung Belag

Die Törtchen gleichmäßig mit etwas Sahnesteif bestreuen, damit sie nicht durchweichen.
Das Obst für den Belag waschen, gut abtropfen lassen, entstielen oder verlesen, mit Zucker bestreuen und kurze Zeit ruhen lassen. Dann auf den Törtchen anrichten.

Zutaten Fertigstellung

1 Päckchen Tortenguss
3–4 EL Zucker
250 ml Wasser oder Fruchtsaft
evtl. Schlagsahne

Fertigstellung

Tortenguss mit Zucker und Wasser oder Fruchtsaft nach Packungsanweisung zubereiten und auf dem Obst verteilen.
Nach Wunsch mit einem Klecks steif geschlagener Sahne anrichten.

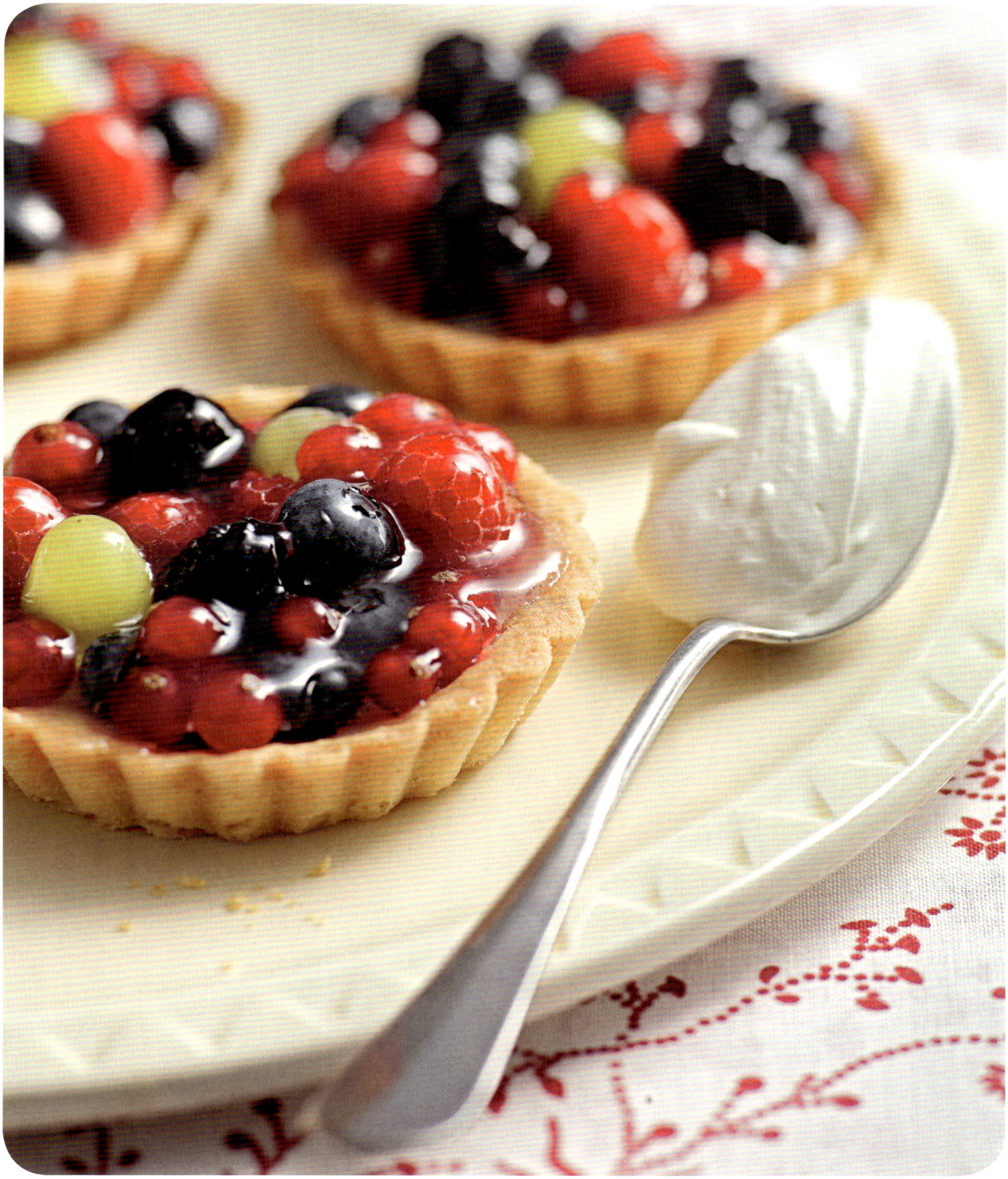

Süße Schweineöhrchen

FÜR CA. 50 STÜCK

Zutaten

1 Packung frischer Blätterteig aus dem Kühlregal (270 g)
200 g Zucker

Zubereitung

Den Blätterteig entrollen, die obere Seite mit Zucker bestreuen. Den Blätterteig umdrehen und diese Seite ebenfalls zuckern. Die Teigplatte von beiden langen Seiten ca. 7 cm zur Mitte hin einschlagen und den Vorgang wiederholen. Nun in der Mitte zusammenklappen, sodass ein langes schmales Stück entsteht. In Frischhaltefolie einwickeln und ca. 30 Minuten im Kühlschrank ruhen lassen.

Backofen auf 180 °C Ober- und Unterhitze vorheizen. Backbleche mit Backpapier belegen.

Teig aus der Folie nehmen und mit einem Messer in 5 mm dicke Scheiben schneiden. Mit der Schnittfläche nach unten im Abstand von 10 cm auf das Backblech legen. Die Bleche nacheinander auf der mittleren Schiene ca. 8 Minuten anbacken. Dann das Blech jeweils aus dem Ofen nehmen, die Gebäckstücke wenden und auf der zweiten Seite weitere 4 Minuten backen, damit der Zucker auf beiden Seiten karamellisieren kann. Die Schweineöhrchen auf einem Kuchengitter auskühlen lassen.

Tipp

Die Schweineöhrchen können in einer gut verschlossenen Dose einige Tage aufbewahrt werden.

Regnet es ins Hühnerhaus, holt der Hahn sein Shampoo raus.

Nusskämme

FÜR CA. 10 STÜCK

Zutaten

300 g tiefgefrorener Blätterteig (in rechteckigen Scheiben)
Mehl zum Bearbeiten
1 EL Butter
150 g gemahlene Haselnüsse
1 Ei
100 g Zucker
1 TL Wasser

Zubereitung

Blätterteigscheiben nebeneinander legen und auftauen lassen. Backofen auf 220 °C Ober- und Unterhitze vorheizen. Ein Backblech mit kaltem Wasser abspülen.

Teigscheiben halbieren und auf einer bemehlten Arbeitsfläche zu Quadraten von etwa 10 × 10 cm ausrollen.

Butter schmelzen, gemahlene Nüsse zugeben und leicht rösten. Auskühlen lassen. Das Ei trennen. Eiweiß zu Schnee schlagen, Zucker und geröstete Nüsse unterrühren. Das Eigelb mit 1 TL Wasser verquirlen.

Die Haselnussmasse auf den Teigquadraten verteilen, dabei einen Rand von ca. 1–2 cm frei lassen. Ränder mit Eigelb bestreichen, Teigquadrate zusammenklappen und Ränder fest drücken. Auf einer Seite mit einem scharfen Messer mehrmals einschneiden.

Die Nusskämme etwas nach außen gebogen auf das Backblech legen, mit dem restlichen Eigelb bestreichen und im vorgeheizten Backofen auf der mittleren Schiene ca. 15–20 Minuten goldbraun backen. Aus dem Ofen nehmen und auf einem Kuchengitter auskühlen lassen.

An Margarethe Regen und Sturm bringt der Haselnuss den Wurm. (20. Juli)

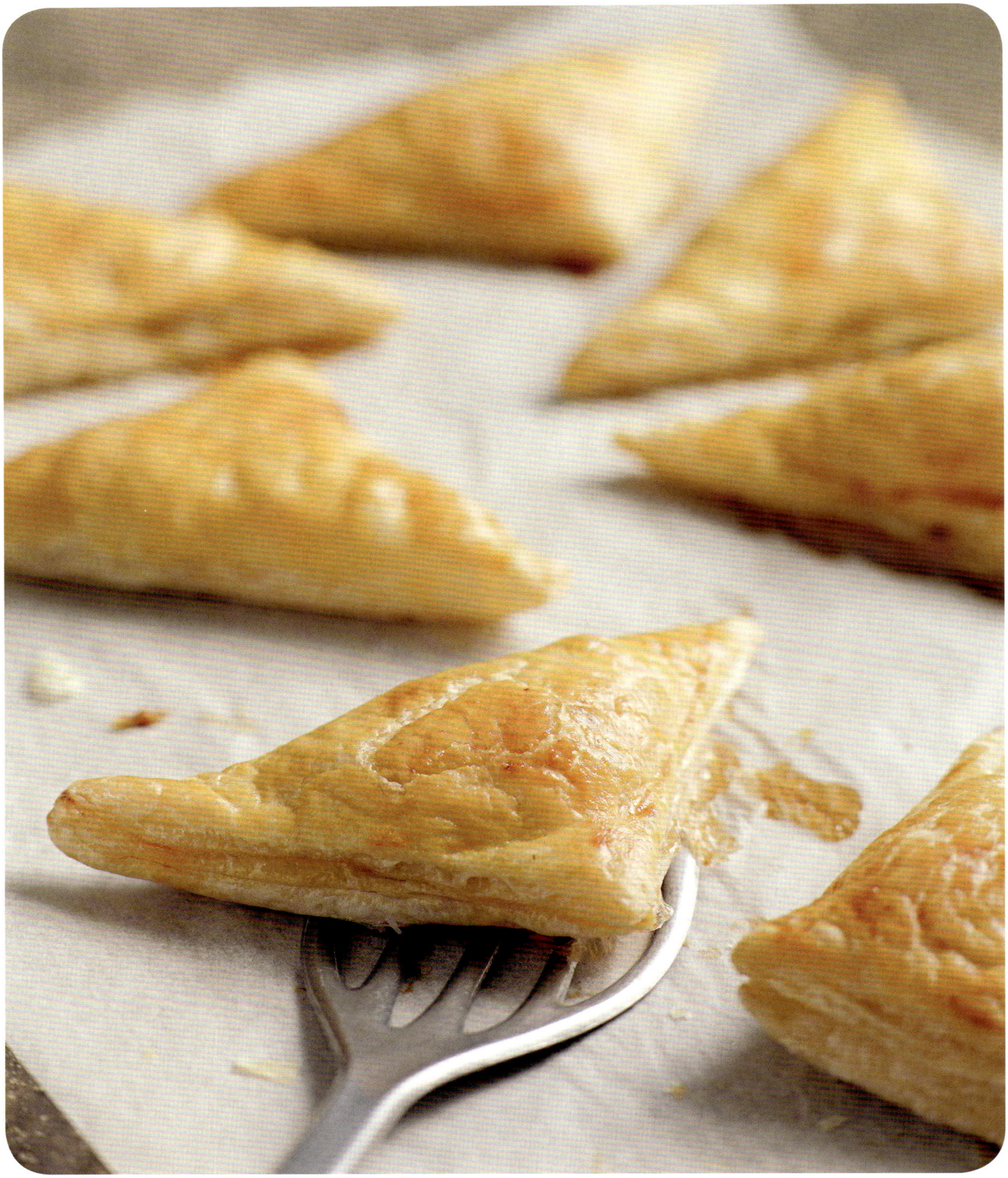

LIEBLINGSGEBÄCK VON BAUER DIETER

Apfeltaschen

FÜR 10 STÜCK

Füllung

50g Rosinen
1 EL Rum
400g säuerliche Äpfel, z.B. Boskop
2 EL Zitronensaft
50g Zucker
½ TL Zimt

Zubereitung Füllung

Rosinen mit Rum mischen. Äpfel schälen, vierteln, Kerngehäuse entfernen und in Würfel schneiden. Mit Zitronensaft, Zucker und Zimt vermischen. Alles in einer Pfanne unter Wenden ca. 10 Minuten dünsten. Anschließend abkühlen lassen.

Teig

1 Packung tiefgekühlter Blätterteig (450g)
1 verquirltes Ei

Zubereitung Teig

Blätterteigplatten nebeneinander legen und auftauen lassen. Backofen auf 200 °C Ober- und Unterhitze vorheizen. Ein Backblech mit Backpapier auslegen. Auf jede Blätterteigplatte jeweils 1 Esslöffel der abgekühlten Apfelmasse geben. Die Teigkanten mit ein wenig Wasser bestreichen. Blätterteig diagonal zu Dreiecken zusammenklappen und die Ränder mit den Händen fest andrücken. Mit verquirltem Ei bestreichen, auf das Backblech legen und im vorgeheizten Backofen auf mittlerer Schiene ca. 15 Minuten backen.

Zutaten Fertigstellung

100g Puderzucker
2–3 EL Apfelkorn oder -saft

Fertigstellung

Puderzucker mit Flüssigkeit verrühren und die noch warmen Apfeltaschen damit bestreichen.

Schoko-Walnuss-Brownies

FÜR 1 BACKBLECH

Zutaten

Butter für das Blech
125 g Butter
75 g ungesüßtes Kakaopulver
250 g Zucker
1 Päckchen Vanillezucker
2 Eier
150 g Mehl
¼ TL Natron
125 g Walnusskerne

Zubereitung

Backofen auf 175 °C Ober- und Unterhitze vorheizen. Ein tiefes Backblech mit Butter einfetten.

Butter in einem Topf bei geringer Hitze schmelzen. Vom Herd nehmen und das Kakaopulver einrühren. Die Masse abkühlen lassen. Zucker und Vanillezucker zufügen und zum Schluss die Eier einzeln unterrühren.

Mehl und Natron sieben und esslöffelweise unterheben. Die Nüsse unterrühren und die Browniemasse gleichmäßig etwa 2 cm dick auf dem Backblech verstreichen. Im vorgeheizten Backofen auf mittlerer Schiene ca. 25–30 Minuten backen. In der Form auskühlen lassen und anschließend in die gewünschte Form schneiden.

Tipp

Da der Teig sehr zäh ist, sollten Sie ihn am besten mit einer Küchenmaschine zubereiten.

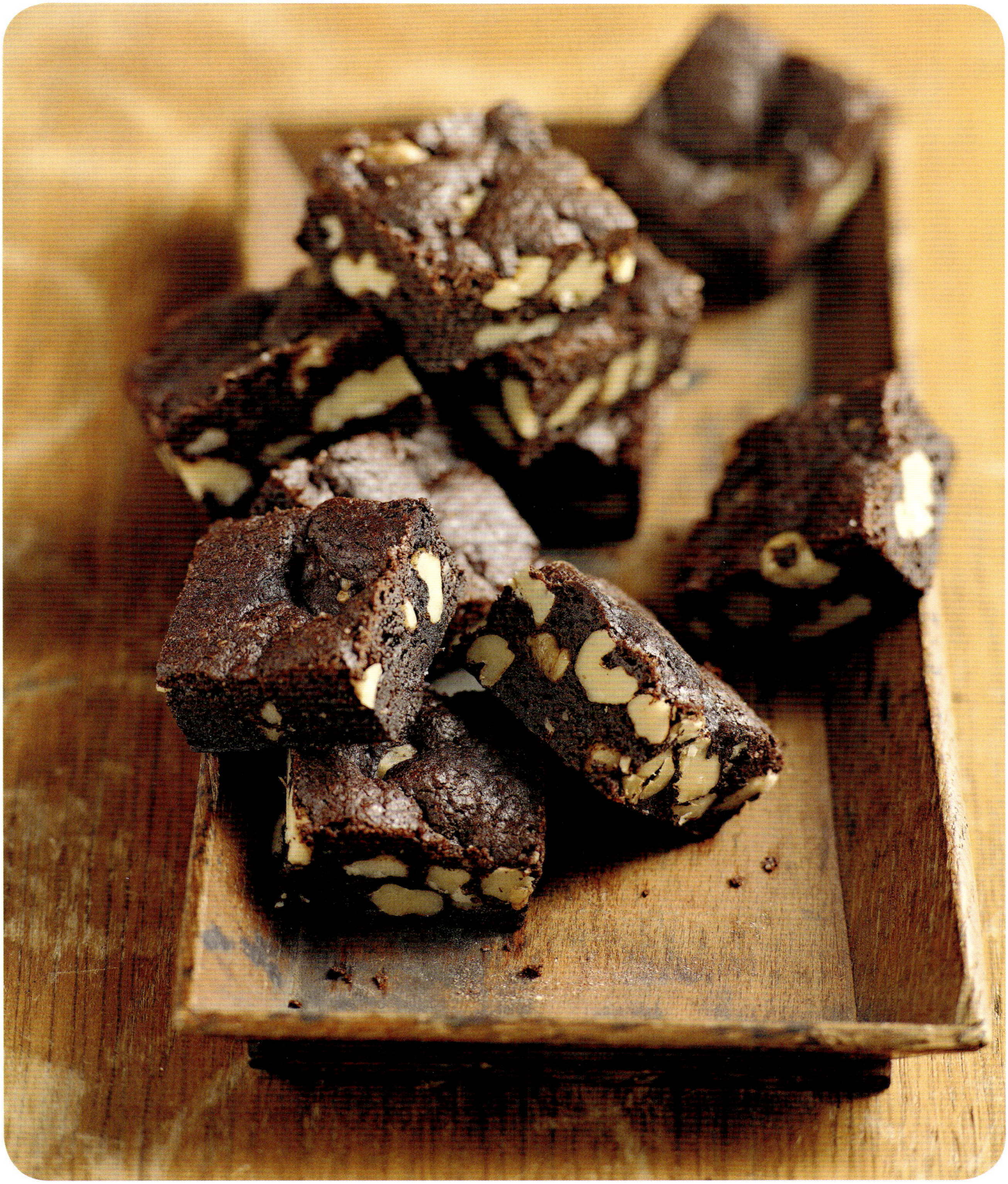

Apfel-Muffins

FÜR 12 STÜCK

Zutaten

Butter und Mehl
für die Form
200g Mehl
3 gestr. TL Backpulver
150g Zucker
1 Päckchen Vanillezucker
200g weiche Butter
3 Eier
100ml Milch
3 EL in Rum eingelegte Rosinen
1 grob geriebener Apfel

Zubereitung

Backofen auf 180°C Ober- und Unterhitze vorheizen. Ein Muffinblech mit Butter einfetten und mit Mehl bestäuben. Überschüssiges Mehl anschließend abklopfen. Mehl und Backpulver mischen und in eine Schüssel sieben. Zucker, Vanillezucker, Butter, Eier und Milch zugeben. Mit einem Handrührgerät zu einem glatten Teig verrühren.

Zum Schluss die in Rum eingelegten Rosinen sowie den geriebenen Apfel unterheben. Die Muffinförmchen zu zwei Dritteln mit dem Teig füllen und im vorgeheizten Backofen auf dem Rost auf der mittleren Schiene ca. 20–25 Minuten backen. Dann herausnehmen, kurz auskühlen lassen, auf ein Kuchengitter stürzen und die Form abnehmen.

Tipp

Sie können die Rumrosinen auch durch normale Rosinen oder getrocknete Cranberries ersetzen.

Reifen Äpfel im Gezweige, geht der Sommer schon zur Neige.

Buttermilch-Waffeln

FÜR 8 WAFFELN

Kirschkompott

1 Glas Schattenmorellen (720 g)
2 TL Speisestärke
100 ml Rotwein
3 EL Honig

Waffeln

Öl zum Einfetten
100 g weiche Butter
100 g Zucker
4 Eier
150 ml Eierlikör
250 ml Buttermilch
1 Msp. Natron
375 g Mehl

Zubereitung Kirschkompott

Die Kirschen über einem Sieb abgießen, den Saft dabei auffangen. Speisestärke in 3 EL kaltem Kirschsaft anrühren. 100 ml Kirschsaft mit Rotwein aufkochen, die angerührte Speisestärke unter Rühren zur kochenden Flüssigkeit geben und zusammen aufkochen. Vom Herd nehmen und die Kirschen sowie den Honig hinzufügen.

Zubereitung Waffeln

Waffeleisen mit Öl auspinseln und vorheizen.

Butter und Zucker mit einem Handrührgerät verrühren. Nacheinander Eier und Eierlikör unterrühren. Dann die Buttermilch unterrühren, am Schluss das mit dem Natron gemischte Mehl hineinsieben und verrühren.

Den fertigen Teig mit einer Schöpfkelle in das heiße Waffeleisen geben und die Waffeln nacheinander goldgelb ausbacken. Mit Kirschkompott servieren.

Tipp

Wenn Kinder mitessen, tauschen Sie beim Kompott den Rotwein durch Kirschsaft aus und lassen den Eierlikör bei den Waffeln weg. Erhöhen Sie dafür die Buttermilchmenge auf 400 ml.

Steht im Juli noch der Weizen, braucht der Bauer nicht zu heizen.

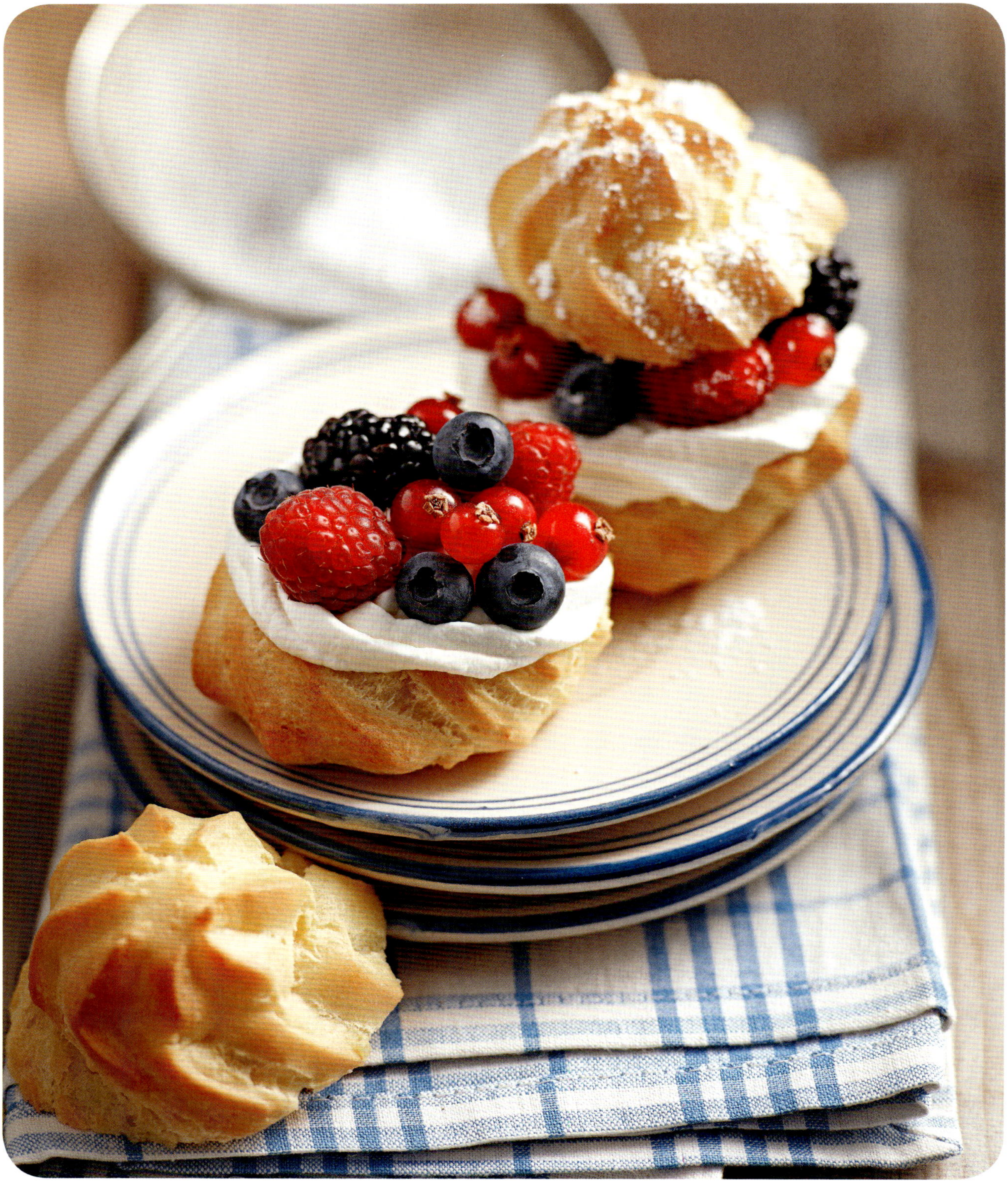

LIEBLINGSGEBÄCK VON BAUER CARSTEN

Windbeutel

FÜR 12 STÜCK

Brandteig

125 ml Milch
125 ml Wasser
5 g Zucker
60 g weiche Butter
2 Prisen Salz
Muskatnuss
200 g Mehl
3 Eier

Füllung

300 ml Sahne
1 ½ EL Puderzucker
250 g gemischte Beeren
Puderzucker zum
Bestäuben

Zubereitung Brandteig

Zunächst Milch, Wasser, Zucker, Butter, Salz und 1 Prise frisch geriebene Muskatnuss in einem Topf aufkochen. Das Mehl sieben und zugeben. Die Masse so lange rühren, bis sich ein Kloß bildet und eine flaumige Schicht im Topf entsteht. Anschließend in einer Schüssel auskühlen lassen. Dann nach und nach die Eier mit einem Handrührgerät mit Knethaken unterkneten, bis eine glatte Masse entsteht.

Backofen auf 180 °C Ober- und Unterhitze vorheizen. Ein Backblech mit Backpapier auslegen.

Den Teig in einen Spritzbeutel mit großer Sterntülle füllen und 12 Teighäufchen auf das Backblech spritzen. Im vorgeheizten Backofen auf der mittleren Schiene ca. 25 Minuten backen. Während der ersten 15 Minuten der Backzeit die Ofentür nicht öffnen, da das Gebäck ansonsten zusammenfällt. Die fertigen Windbeutel aus dem Ofen nehmen, sofort einen Deckel abschneiden und auf einem Kuchenrost abkühlen lassen.

Zubereitung Füllung

Sahne und Puderzucker mit einem Handrührgerät steif schlagen. Die Sahne mit einem Spritzbeutel auf die untere Hälfte der Windbeutel spritzen, jeweils einige Beeren darauf verteilen und dann den Deckel aufsetzen. Mit Puderzucker bestäuben und sofort servieren.

Liebesknochen

FÜR 12 STÜCK

Brandteig

125 ml Milch
125 ml Wasser
5 g Zucker
60 g weiche Butter
2 Prisen Salz
200 g Mehl
3 Eier

Zubereitung Brandteig

Backofen auf 180 °C Ober- und Unterhitze vorheizen. Ein Backblech mit Backpapier auslegen. Milch, Wasser, Zucker, Butter und Salz in einem Topf aufkochen. Das Mehl sieben und zugeben. Die Masse so lange rühren, bis sich ein Kloß bildet und eine flaumige Schicht im Topf entsteht. Dann in einer Schüssel auskühlen lassen. Nach und nach die Eier mit einem Handrührgerät mit Knethaken unterkneten, bis eine glatte Masse entsteht. Den Teig in einen Spritzbeutel mit großer Sterntülle geben. Ca. 12 cm lange Streifen im Abstand von 4 cm auf das Backpapier spritzen. Im vorgeheizten Backofen auf mittlerer Schiene ca. 5 Minuten backen. Anschließend einen Kochlöffel in die Backofentür klemmen und weitere 20 Minuten backen. Dann auf dem Blech auskühlen lassen.

Creme

30 g Speisestärke
75 g Zucker
300 ml Milch
2 Eier
200 ml Sahne
1 Päckchen Bourbonvanillezucker

Zubereitung Creme

Speisestärke und Zucker mit etwas kalter Milch anrühren, Eier unterrühren. Restliche Milch und Sahne aufkochen, Bourbonvanillezucker und angerührte Speisestärke mit einem Schneebesen einrühren. Unter ständigem Rühren zu einer Creme kochen. In eine Schüssel füllen, mit Frischhaltefolie abdecken und abkühlen lassen.

Zutaten Fertigstellung

Puderzucker zum Bestäuben
Kakaopulver zum Bestäuben

Fertigstellung

Die Creme in einen Spritzbeutel mit kleiner Lochtülle füllen. In die abgekühlten Liebesknochen ein kleines Loch stechen und die Creme einfüllen. Mit Puderzucker und Kakaopulver bestäuben.

Tipp

Für eine Schokoladen-Variante die Creme mit 125 g flüssiger Bitterschokolade verrühren. Liebesknochen wie oben beschrieben mit der Schokocreme füllen und mit Kakaopulver bestäuben.

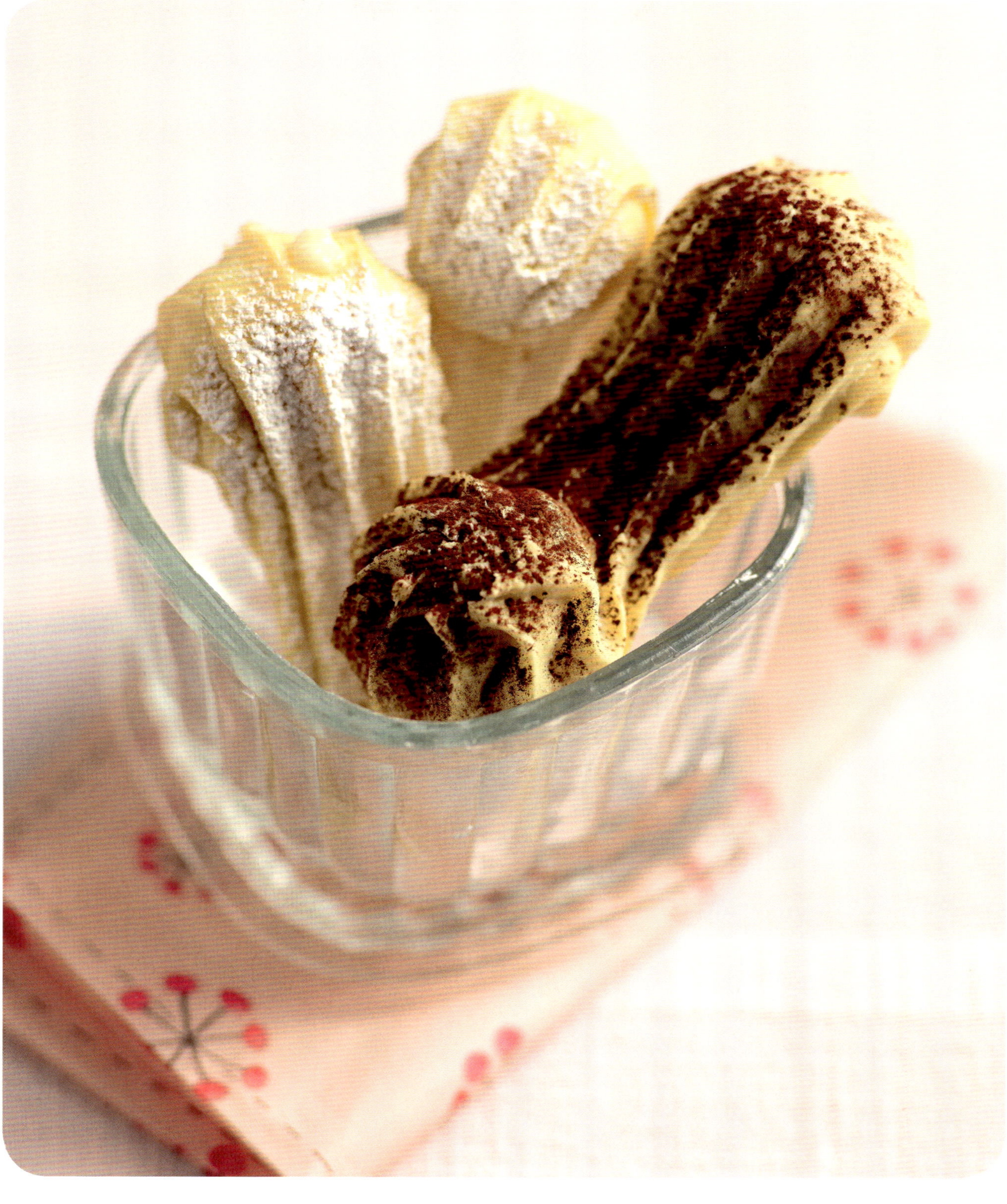

Berliner Bobbes

FÜR 20 STÜCK

Mürbeteig

375g Mehl
40g Speisestärke
1 gestr. TL Backpulver
140g Zucker
1 Päckchen Vanillezucker
4 Tropfen Zitronenaroma
1 Prise Salz
3 Eigelb
250g weiche Butter
Mehl zum Bearbeiten

Füllung

100g gehobelte Mandeln
200g weiche Marzipanrohmasse
60g Zucker
100ml Rum
100g Sultaninen
100g Orangeat

Streusel

75g Mehl
25g Zucker
1 Msp. Zimt
50g weiche Butter

Zutaten Fertigstellung

1 Eiweiß zum Bestreichen
Puderzucker zum Bestäuben

Zubereitung Mürbeteig

Mehl mit Speisestärke und Backpulver mischen und in eine Schüssel sieben. Die übrigen Zutaten hinzufügen und alles mit einem Handrührgerät mit Knethaken zu einem glatten Teig verkneten. Mit den Händen auf einer bemehlten Arbeitsfläche zu einer Rolle formen und in Frischhaltefolie gewickelt ca. 30 Minuten kalt stellen. Den Teig halbieren. Jede Teighälfte auf einer leicht bemehlten Arbeitsfläche zu einem Rechteck (35×30cm) ausrollen.

Zubereitung Füllung

Mandeln ohne Zugabe von Fett unter Rühren goldbraun rösten. Auf einem Teller abkühlen lassen. Marzipan klein schneiden, mit Zucker und Rum mit einem Handrührgerät zu einer streichfähigen Masse verrühren. Gleichmäßig auf den beiden Teigrechtecken verstreichen. Mit Sultaninen, gerösteten Mandeln und Orangeat bestreuen. Den Teig von der längeren Seite her locker aufrollen und die beiden Rollen 20–30 Minuten kalt stellen.
Backofen auf 200°C Ober- und Unterhitze vorheizen. Ein Backblech mit Backpapier belegen.

Zubereitung Streusel

Mehl in eine Schüssel sieben. Zucker, Zimt und Butter hinzufügen und mit einem Handrührgerät mit Knethaken oder mit den Händen zu Streuseln verkneten.

Fertigstellung

Die Rollen erst mit Eiweiß bestreichen und dann mit den Streuseln bestreuen. Jede Rolle in 10 jeweils 3,5cm dicke Stücke schneiden und diese senkrecht auf das Backblech setzen. Im vorgeheizten Backofen auf der mittleren Schiene ca. 15 Minuten backen. Auskühlen lassen und vor dem Servieren mit Puderzucker bestäuben.

Rosinenschnecken

FÜR CA. 15 STÜCK

Hefeteig

250g Mehl
½ Würfel Hefe (21g)
125ml lauwarme Milch
30g Zucker
1 Prise Salz
1 Ei
25g weiche Butter

Zubereitung Hefeteig

Mehl in eine große Schüssel sieben. Eine Mulde hineindrücken und die Hefe hineinbröckeln. Mit Milch, Zucker, Salz, Ei und Butter mit einem Handrührgerät mit Knethaken zu einem glatten Teig verkneten.

Die Schüssel mit einem Tuch abdecken und ca. 1 Stunde an einem warmen Ort gehen lassen, bis sich das Teigvolumen sichtbar vergrößert hat.

Rosinenfüllung

Mehl zum Bearbeiten
125g Rosinen
50g gemahlene Haselnüsse
1 TL Zimt
50g Zucker

Zubereitung Rosinenfüllung

Backofen auf 180 °C Ober- und Unterhitze vorheizen. Zwei Backbleche mit Backpapier auslegen. Den Hefeteig auf einer leicht bemehlten Arbeitsfläche rechteckig ausrollen (20 × 40 cm).
Rosinen mit gemahlenen Nüssen, Zimt und Zucker mischen. Gleichmäßig auf der Teigplatte verteilen. Von der langen Seite her zu einer Rolle wickeln und diese in ca. 2 cm breite Scheiben schneiden. Die Rosinenschnecken mit etwas Abstand zueinander auf die Backbleche legen. Mit einem Küchentuch bedecken und ca. 15 Minuten ruhen lassen. Im vorgeheizten Backofen auf einer der oberen bzw. unteren Schienen ca. 10 Minuten backen. Die Bleche tauschen und weitere 10 Minuten backen.

Zutaten Fertigstellung

150g Puderzucker
1–2 EL Zitronensaft

Fertigstellung

Puderzucker nach und nach mit Zitronensaft zu einem zähflüssigen Guss verrühren. Die noch warmen Schnecken damit bepinseln und auf einem Kuchenrost auskühlen lassen.

Juliglut macht die Trauben gut.

Apfelküchlein

FÜR CA. 16 STÜCK

Ausbackteig

75 g Zucker
1 TL Zimt
4 große mürbe Äpfel
3 EL Rum
2 Eiweiß
125 g gesiebtes Mehl
½ TL Backpulver
1 Prise Salz
2 Eigelb
1 ½ EL Öl
100 ml helles Bier

Zutaten Fertigstellung

Öl zum Frittieren
100 g Zimt-Zucker-Mischung zum Bestreuen

Zubereitung Ausbackteig

Zucker und Zimt vermischen. Die Äpfel schälen, Kerngehäuse mit einem Apfelausstecher entfernen und in 1 cm dicke Scheiben schneiden. Mit der Zimt-Zucker-Mischung bestreuen, mit Rum beträufeln und zugedeckt ca. 30 Minuten ziehen lassen. Die Äpfel während dieser Zeit mit dem sich bildenden Saft übergießen.

Eiweiß zu steifem Schnee schlagen. Mehl mit Backpulver, Salz, Eigelben und Öl mit einem Handrührgerät verrühren. Nach und nach das Bier unter den Teig rühren. Zum Schluss das Eiweiß unterheben.

Fertigstellung

Öl in einer Fritteuse oder einem großen Topf erhitzen. Die richtige Temperatur prüfen Sie mit der Holzstielmethode (siehe Seite 170). Apfelscheiben nacheinander in den Teig tauchen und im heißen Öl in ca. 8–10 Minuten goldgelb backen. Nach der halben Garzeit wenden. Die fertigen Küchlein mit einem Schaumlöffel aus dem Fett heben und auf Küchenpapier abtropfen lassen. Noch heiß mit der Zimt-Zucker-Mischung bestreuen und warm servieren.

Wenn im Herbst die Äpfel plumpsen, kann man nur noch drinnen essen.

LIEBLINGSGEBÄCK VON BAUER GEORG

Muzenmandeln

FÜR CA. 80 STÜCK

Teig

40g Puderzucker
2 Eier
1 Päckchen Vanillezucker
250g Mehl
2 gestr. TL Backpulver
2 EL Rum
Mehl zum Bearbeiten

Zubereitung Teig

Gesiebten Puderzucker mit Eiern und Vanillezucker mit einem Handrührgerät verrühren. Mehl und Backpulver sieben und zusammen mit dem Rum unterrühren.

Den Teig portionsweise auf einer bemehlten Arbeitsfläche mit einer Teigrolle sehr dünn ausrollen und mit einem Teigrädchen in etwa 7 cm große Rauten schneiden.

Zutaten Fertigstellung

Öl zum Frittieren
2 EL Puderzucker

Fertigstellung

Das Fett in einem Topf oder einer Fritteuse erhitzen. Mit der Holzstielmethode (siehe Seite 170) überprüfen Sie, ob die Temperatur stimmt. Die Muzer portionsweise schwimmend im siedenden Fett goldbraun backen. Mit einem Schaumlöffel herausnehmen, auf Küchenpapier gut abtropfen lassen und noch warm mit Puderzucker bestäuben.

Ist der Hahn erkältet und heiser, ist er morgens etwas leiser.

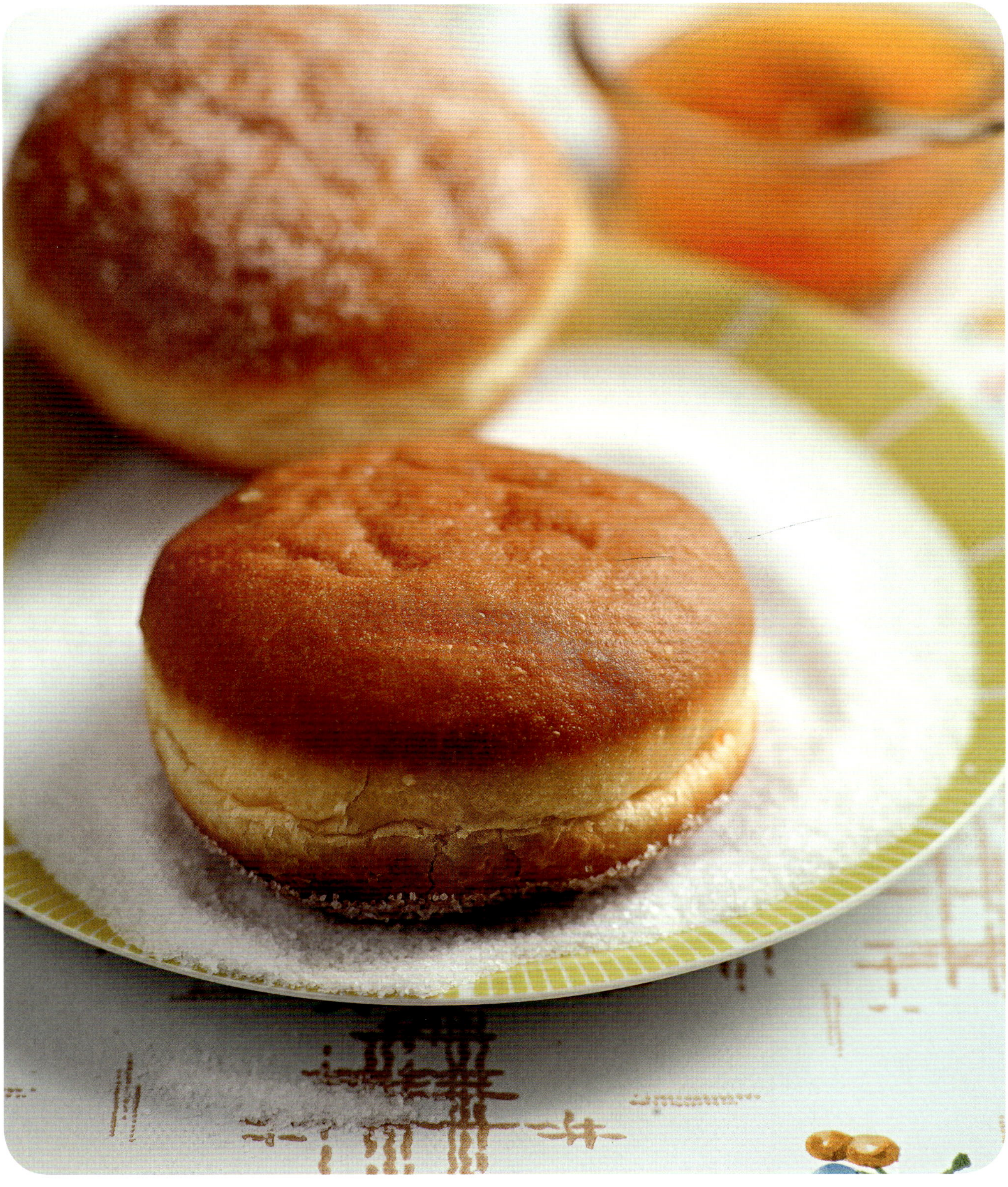

LIEBLINGSGEBÄCK VON BAUER JÜRGEN

Berliner

FÜR 16 STÜCK

Hefeteig

125 ml Milch
100 g Butter
500 g Mehl
1 Päckchen Trockenhefe
30 g Zucker
1 Päckchen Vanillezucker
3 Tropfen Bittermandel-Aroma
1 gestr. TL Salz
2 Eier
1 Eigelb
Mehl zum Bearbeiten

Zutaten Fertigstellung

Öl zum Frittieren
Zucker zum Wenden nach Belieben
300 g Konfitüre oder
250 g Pflaumenmus

Zubereitung Hefeteig

Milch in einem kleinen Topf leicht erwärmen. Die Butter darin schmelzen. Mehl sieben und gut mit Trockenhefe mischen. Die übrigen Zutaten sowie die lauwarme Milch-Butter-Mischung hinzufügen und alles mit einem Handrührgerät mit Knethaken zu einem glatten Teig verkneten. Zugedeckt an einem warmen Ort so lange gehen lassen, bis er sich sichtbar vergrößert hat.

Dann auf einer leicht bemehlten Arbeitsfläche mit den Händen noch einmal gut durchkneten und in 16 gleich große Stücke teilen. Auf einer bemehlten Arbeitsfläche jedes Teigstück zu Bällchen rollen. Abgedeckt nochmals gehen lassen, bis sie sich sichtbar vergrößert haben.

Fertigstellung

In der Zwischenzeit das Öl in einem großen Topf oder in einer Fritteuse erhitzen. Die Temperatur mit der Holzstielmethode (siehe Seite 170) prüfen. Die Teigbällchen portionsweise in das siedende Ausbackfett geben, von beiden Seiten goldbraun backen, mit einem Schaumlöffel herausnehmen und auf Küchenpapier gut abtropfen lassen.

Die Berliner noch heiß in Zucker wenden und auf einem Kuchenrost erkalten lassen. Für die Füllung die Konfitüre oder das Mus durch ein Sieb streichen und in einen Spritzbeutel mit Lochtülle füllen. In jeden Berliner damit seitlich durch den hellen Rand etwas Konfitüre spritzen.

Tipp

Sie können die Berliner anstelle des Zuckers auch mit einer Zuckerglasur verzieren. Dafür gesiebten Puderzucker mit etwas lauwarmem Wasser verrühren, bis ein streichfähiger Guss entsteht. Mit diesem die Berliner bestreichen und trocknen lassen.

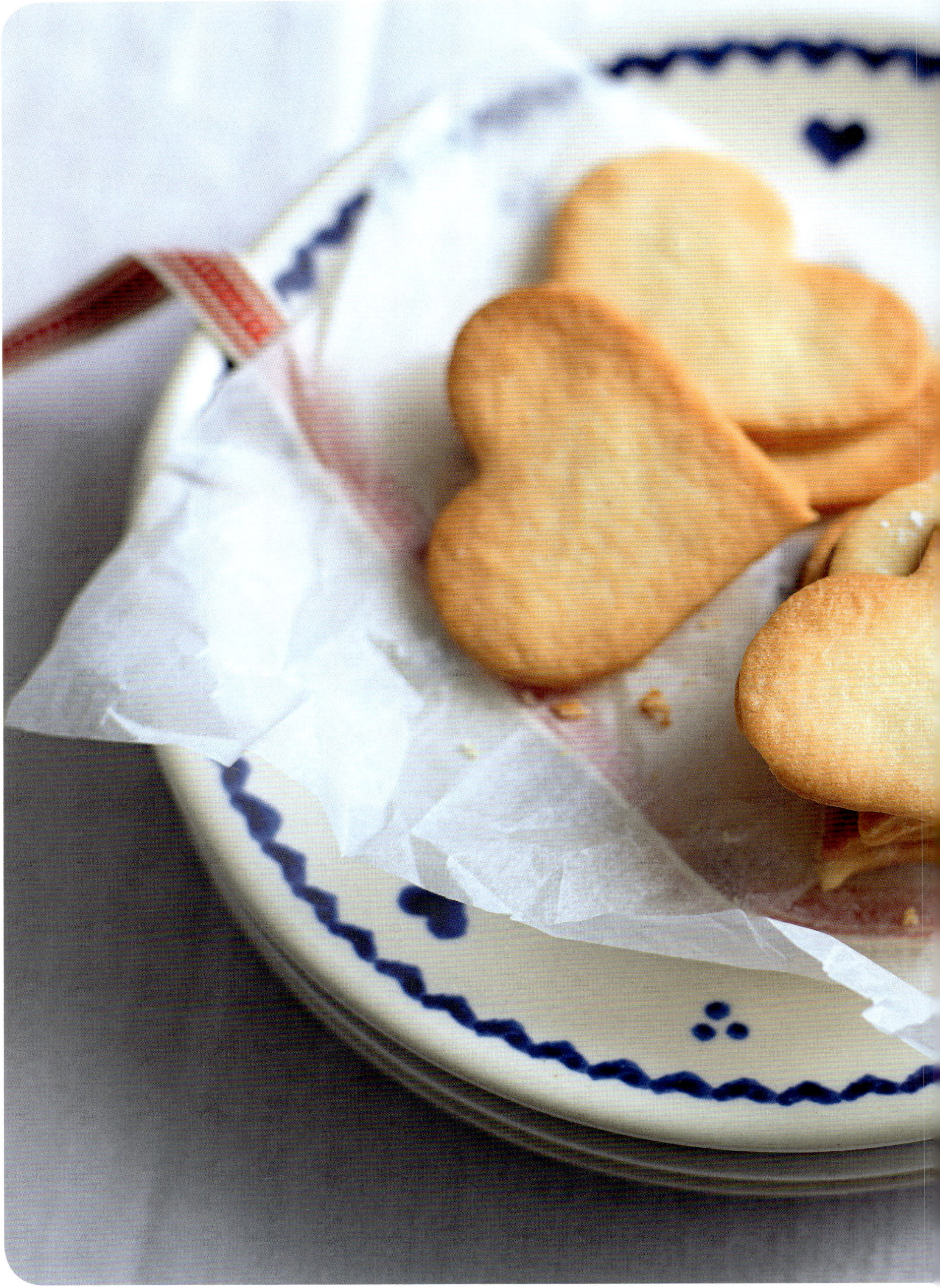

# Für's Herz

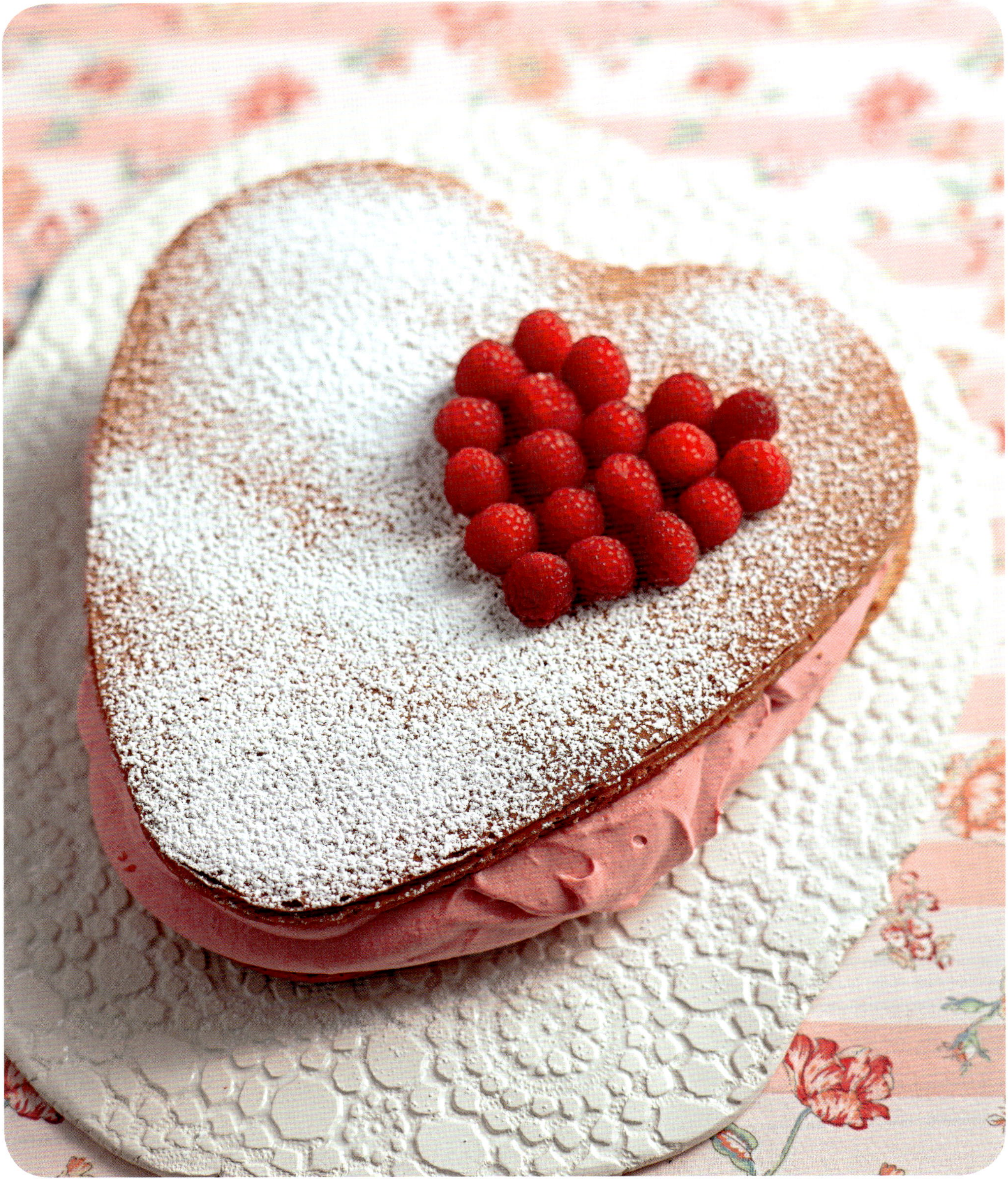

LIEBLINGSKUCHEN VON BAUER OLAF

Himbeerherz

FÜR 15 KUCHENSTÜCKE

Biskuitteig

Butter für die Form
40 g Butter
3 Eier
150 g Zucker
50 g Mehl
50 g fein gemahlene geschälte Mandeln

Zubereitung Biskuitteig

Backofen auf 180 °C Ober- und Unterhitze vorheizen. Eine Herzform (Ø 24 cm) mit Butter einfetten.
Butter bei mittlerer Hitze schmelzen. Eier trennen. Das Eiweiß steif schlagen, dabei 50 g Zucker einrieseln lassen. Eigelbe mit restlichem Zucker in eine Schüssel geben und mit einem Handrührgerät cremig aufschlagen. Das Mehl sieben, mit den Mandeln mischen und mit dem Eischnee unter die Eigelbcreme heben. Flüssige Butter unterrühren. Den Teig in die Form füllen und im vorgeheizten Backofen auf dem Rost auf der mittleren Schiene ca. 20 Minuten backen. In der Form kurz abkühlen lassen, dann auf ein Kuchengitter stürzen.

Belag

400 g tiefgekühlte Himbeeren
4 EL Himbeersirup
6 Blatt Gelatine
100 g Crème fraîche
100 g klein gehackte weiße Schokolade

Zubereitung Belag

Die Himbeeren auftauen lassen. Mit dem Sirup pürieren und durch ein Sieb streichen. Die Gelatine einweichen.

Crème fraîche in einem Topf erwärmen, Schokolade dazugeben und schmelzen lassen. Das Himbeerpüree sowie die ausgedrückte Gelatine einrühren und darin auflösen.

Zutaten Fertigstellung

400 ml Sahne
Puderzucker zum Bestäuben
100 g frische Himbeeren

Fertigstellung

Den Kuchen quer halbieren, sodass zwei Tortenböden entstehen. Die Sahne steif schlagen. Schokoladen-Himbeer-Masse nach und nach unter die Sahne rühren und kalt stellen. Sobald die Himbeermasse etwas fest geworden ist, diese gleichmäßig auf dem unteren Boden verstreichen. Den zweiten Boden aufsetzen. Im Kühlschrank ca. 2 Stunden kalt stellen. Mit Puderzucker bestäuben. Mit den Himbeeren in der Kuchenmitte ein Herz dekorieren. Bis zum Servieren kalt stellen.

Nussiges Herz

FÜR CA. 15 KUCHENSTÜCKE

Rührteig

Butter und Mehl
für die Form
125 g weiche Butter
125 g Zucker
1 Päckchen Vanillezucker
1 Prise Salz
3 Eier
50 g Mehl
2 TL Backpulver
30 g Kakaopulver
100 g gemahlene
Haselnüsse
50 g geschälte,
gehackte Mandeln oder
gehackte Haselnüsse
4 EL Preiselbeerkonfitüre

Zubereitung Rührteig

Backofen auf 180 °C Ober- und Unterhitze vorheizen. Eine Herzform (Ø 24 cm) mit Butter einfetten und mit Mehl bestäuben. Überschüssiges Mehl anschließend abklopfen.

Butter, Zucker, Vanillezucker und Salz mit einem Handrührgerät verrühren. Die Eier nach und nach unterrühren.

Das Mehl mit dem Backpulver und dem Kakaopulver mischen und sieben. Portionsweise mit den gemahlenen Haselnüssen unter die Butter-Ei-Masse rühren. Zum Schluss die gehackten Mandeln oder Haselnüsse unterheben. In die Herzform füllen und im vorgeheizten Backofen auf dem Rost auf mittlerer Schiene ca. 45 Minuten backen. Anschließend herausnehmen, kurz in der Form stehen lassen, dann auf einen Kuchenrost stürzen und auskühlen lassen. Den ausgekühlten Kuchen zweimal waagerecht durchschneiden, sodass drei Tortenböden entstehen. Den unteren Boden mit der Hälfte der Konfitüre bestreichen, den mittleren darauf legen und mit der restlichen Konfitüre bestreichen. Mit dem oberen Boden abdecken.

Zutaten Fertigstellung

400 ml Sahne
2 Päckchen Sahnesteif
2 Päckchen Vanillezucker
60 ml Baileys
Kakaopulver zum
Bestäuben

Fertigstellung

Sahne mit Sahnesteif und Vanillezucker steif schlagen. Gut die Hälfte in einen Spritzbeutel mit Sterntülle füllen. Das Herz mit der restlichen Sahne einstreichen. Den Rand der Herzoberfläche mit der Sahne aus dem Spritzbeutel verzieren, dann den Baileys gleichmäßig in der Mitte verteilen. Vor dem Servieren mit Kakaopulver bestäuben.

Zarte Mandelherzen

FÜR CA. 60 HERZEN

Mürbeteig

250 g weiche Butter
100 g Puderzucker
2 Eigelb
100 g gemahlene Mandeln
350 g gesiebtes Mehl
Mehl zum Bearbeiten
60 g geschälte Mandeln

Zubereitung

Butter, gesiebten Puderzucker und 1 Eigelb mit einem Handrührgerät schaumig rühren. Gemahlene Mandeln und gesiebtes Mehl darüber geben und mit einem Handrührgerät mit Knethaken rasch zu einem festen Mürbeteig verkneten. Den Teig zu einer Kugel formen und in Frischhaltefolie gewickelt ca. 2 Stunden im Kühlschrank ruhen lassen.

Backofen auf 200 °C Ober- und Unterhitze vorheizen. Ein Backblech mit Backpapier auslegen.

Den Teig auf einer bemehlten Arbeitsfläche ca. 0,5 cm dünn ausrollen. Mit einem Ausstecher Herzen ausstechen und auf das Backblech legen. Eigelb verquirlen, die Herzen damit bestreichen und auf jedes Herz zwei Mandelhälften legen. Im vorgeheizten Backofen auf mittlerer Schiene ca. 10–12 Minuten backen.
Auf dem Backblech etwas abkühlen lassen und auf einem Kuchengitter vollständig auskühlen lassen.

Tipp

Anstelle der Mandeln können Sie die Herzen auch mit einer Botschaft verzieren, die Sie nach dem Backen mit Lebensmittelfarbe auf das Herz schreiben.

Ist der Nussbaum früchteschwer, kommt ein harter Winter her.

Schoko-Marzipan-Herzen

FÜR CA. 15 STÜCK

Mürbeteig

150 g Butter
100 g Zucker
1 Ei
300 g Mehl
5 EL Kakaopulver
Saft von 1 Orange
Mehl zum Bearbeiten

Zubereitung Mürbeteig

Butter, Zucker und Ei mit einem Handrührgerät mit Knethaken verkneten. Das Mehl mit Kakao dazusieben. Nach und nach so viel Orangensaft dazugießen, dass ein fester, geschmeidiger Teig entsteht. Zu einer Kugel formen, in Frischhaltefolie wickeln und mindestens 1 Stunde kalt legen.
Backofen auf 180 °C Ober- und Unterhitze vorheizen. Ein Backblech mit Backpapier auslegen. Den Teig auf einer bemehlten Arbeitsfläche ausrollen. Mit einer 8 cm großen Herzform Plätzchen ausstechen.

Füllung

150 g Marzipanrohmasse
2 EL weißer Rum
30 g fein gehackte Mandeln
70 g Puderzucker
Saft von 1 Orange
1 Eigelb zum Bestreichen

Zubereitung Füllung

Marzipan mit den restlichen Zutaten, bis auf den Orangensaft, in eine Schüssel geben und mit einem Handrührgerät mit Knethaken verkneten. Nach und nach den Orangensaft zufügen, dabei aufpassen, dass das Marzipan nicht zu flüssig wird. Die Marzipanmasse auf die Hälfte der Plätzchen streichen, die Seiten mit etwas Eigelb bestreichen und ein zweites Plätzchen obenauf setzen. Die Plätzchen auf das Backblech legen und im vorgeheizten Backofen auf mittlerer Schiene ca. 20 Minuten backen. Aus dem Ofen nehmen und auf einem Kuchenrost abkühlen lassen.

Zutat Fertigstellung

200 g Zartbitterkuvertüre

Fertigstellung

Die Zartbitterkuvertüre über einem heißen Wasserbad schmelzen und die ausgekühlten Plätzchen damit verzieren.

Tipp

Die Herzen halten sich gut verschlossen in einer Dose einige Wochen.

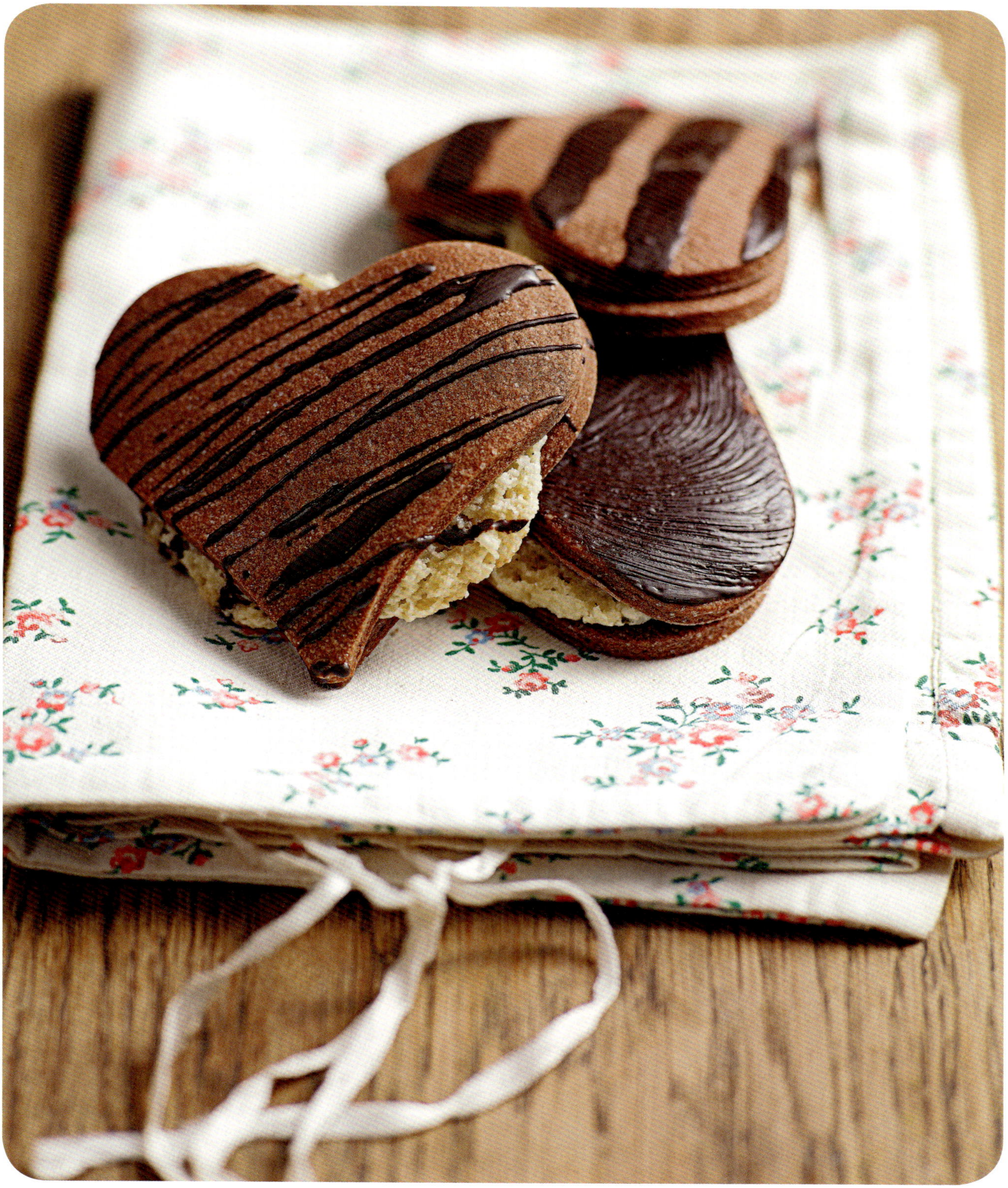

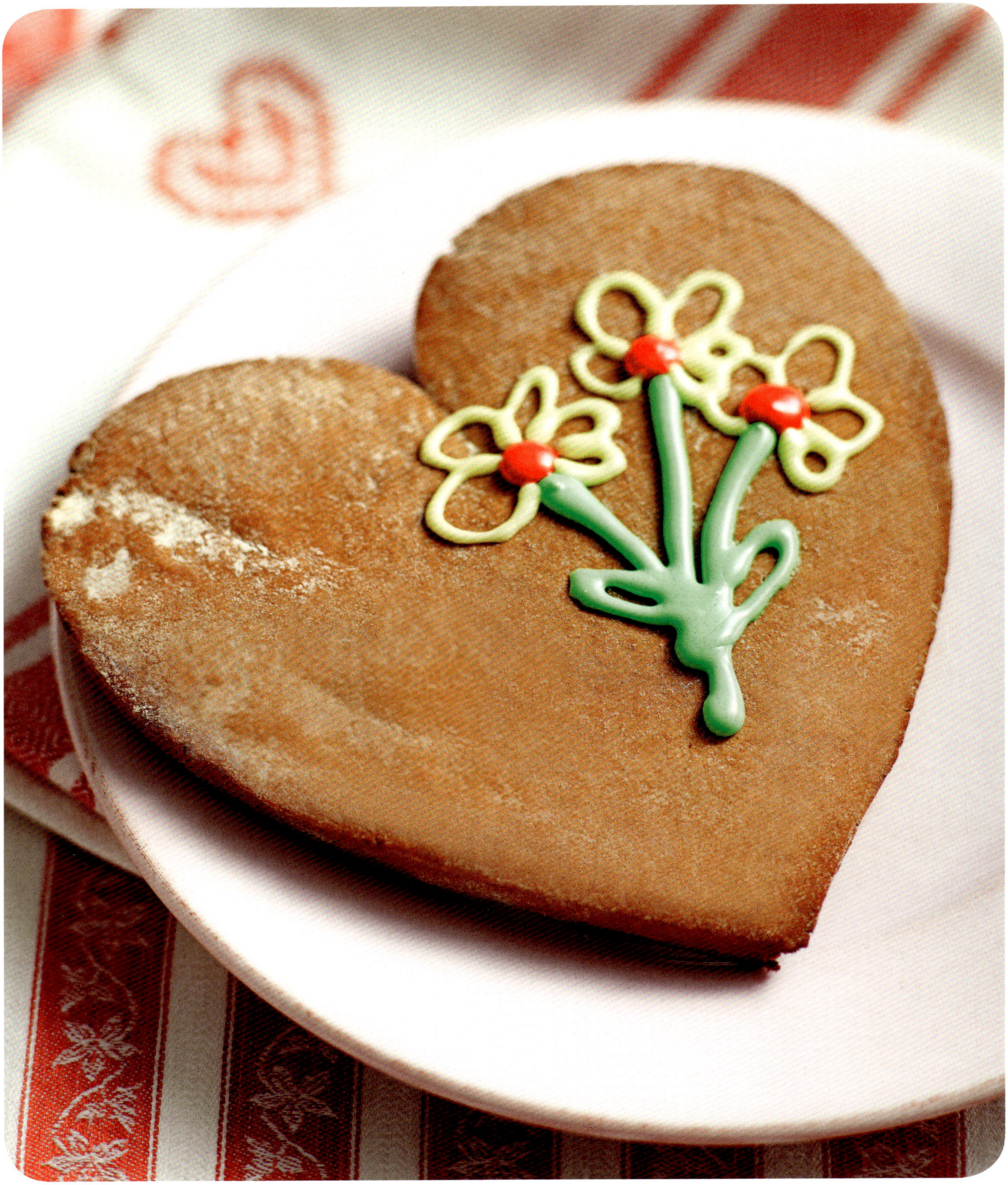

Lebkuchenherz

FÜR 2 HERZEN

Lebkuchenteig

125g Butter
250g Honig
100g Zucker
500g Mehl
1 TL Backpulver
15g Lebkuchengewürz
1 EL Kakaopulver
1 Ei

Zutaten Fertigstellung

Mehl zum Bearbeiten
1 Eiweiß
200g Puderzucker
nach Belieben
Lebensmittelfarbe

Zubereitung Lebkuchenteig

Butter, Honig und Zucker zusammen in einem Topf aufkochen. Dann in eine Schüssel geben und vollständig abkühlen lassen.

Mehl, Backpulver, Lebkuchengewürz und Kakao mischen, sieben und zusammen mit dem Ei mit einem Handrührgerät mit Knethaken zu einem glatten Teig verkneten. Den Teig zu einer Kugel formen, in Frischhaltefolie wickeln und bei Zimmertemperatur ca. 2 Stunden ruhen lassen.

Fertigstellung

Backofen auf 170°C Ober- und Unterhitze vorheizen. Ein Backblech mit Backpapier auslegen.

Für die Lebkuchenherzen aus Papier oder Pappe eine Herz-Schablone (ca. 20 × 20 cm) zuschneiden.

Den Teig auf einer bemehlten Arbeitsfläche 1,5 cm dick ausrollen. Die Schablone auflegen und zwei Herzen mit einem Messer ausschneiden. Auf das Blech legen und die Herzen nacheinander ca. 20 Minuten auf der mittleren Schiene backen. Direkt vom Backblech lösen und auskühlen lassen.

Eiweiß und Puderzucker mit einem Handrührgerät steif schlagen. Ganz nach Wunsch mit Lebensmittelfarbe einfärben. Die Masse in einen Spritzbeutel füllen und die Lebkuchenherzen damit verzieren.

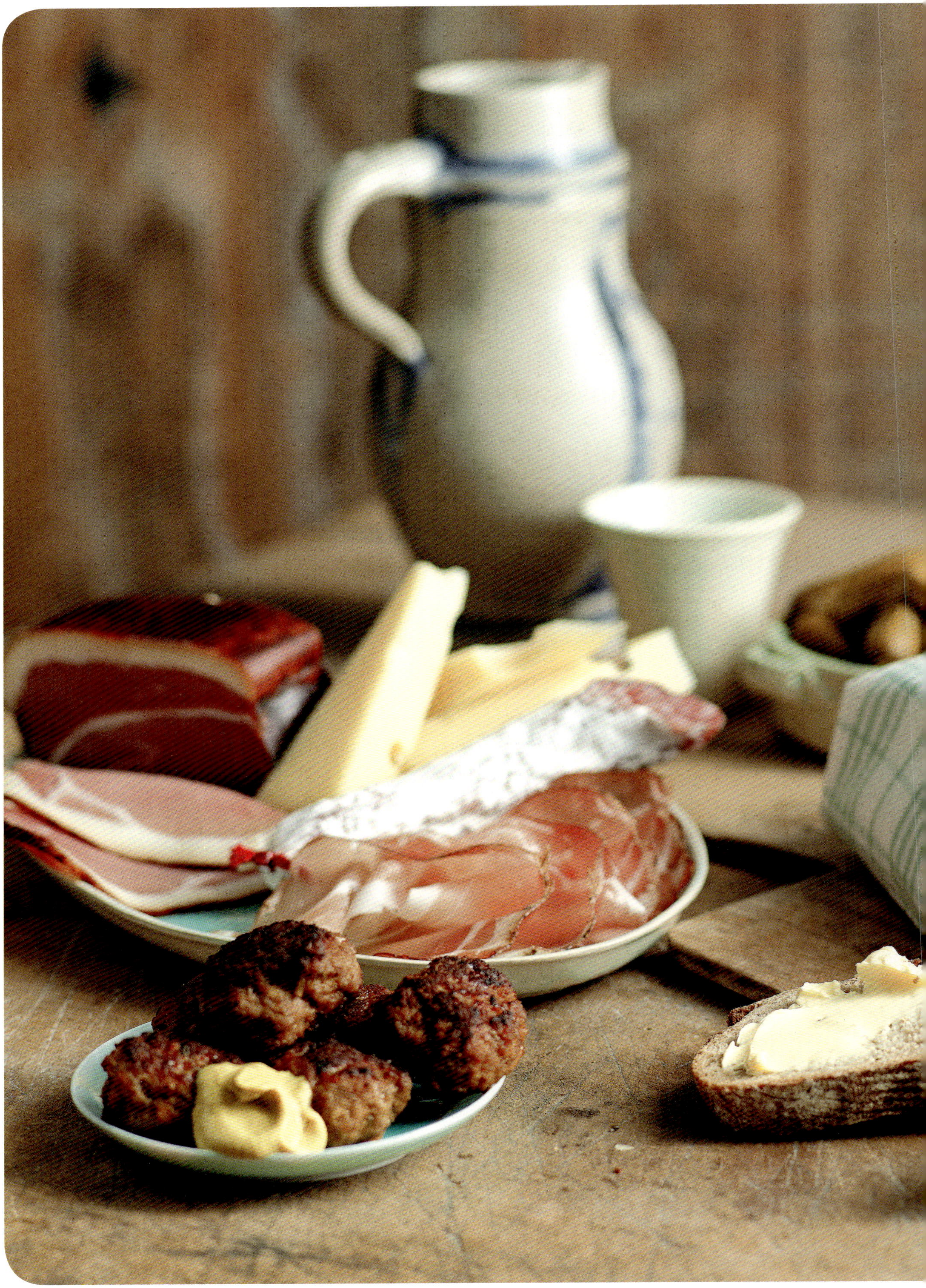

Herzhaftes, Brot & Brötchen

Quiche Lorraine

FÜR 12 STÜCKE

Mürbeteig

300g Mehl
200g weiche Butter
10g Salz
1 Ei
Butter für die Form
Mehl zum Bearbeiten

Zubereitung Mürbeteig

Mehl in eine Schüssel sieben und mit Butter, Salz und Ei mit einem Handrührgerät mit Knethaken rasch zu einem glatten Teig verkneten. In Frischhaltefolie wickeln und ca. 1 Stunde in den Kühlschrank legen.

Backofen auf 180 °C Ober- und Unterhitze vorheizen. Eine Tarteform (Ø 30cm) mit Butter einfetten.

Den Teig auf einer leicht bemehlten Arbeitsfläche etwas größer als die Tarteform ausrollen. So in die Form legen, dass auch der Rand mit Teig bedeckt ist. Mehrmals mit einer Gabel einstechen und im vorgeheizten Backofen auf dem Rost auf der mittleren Schiene ca. 10–15 Minuten vorbacken, dann aus dem Ofen nehmen.

Füllung

2 Zwiebeln
1 EL Öl
250ml Milch
250ml Sahne
4 Eier
Salz, Pfeffer
Muskatnuss
100g geriebener Käse
200g magere Speckwürfel

Zubereitung Füllung

Zwiebeln schälen, in Würfel schneiden und in einer Pfanne mit Öl kurz andünsten, herausnehmen und etwas abkühlen lassen. Milch und Sahne bei schwacher Hitze erwärmen. Vom Herd nehmen und die Eier mit dem Milch-Gemisch verquirlen. Mit Salz, Pfeffer und frisch geriebener Muskatnuss würzen. Käse mit Speck- und Zwiebelwürfeln auf dem Teig verteilen, nochmals mit Salz, Pfeffer und Muskatnuss würzen. Die Eier-Milch-Mischung darüber gießen.

Die Backofentemperatur auf 200 °C Ober- und Unterhitze erhöhen. Die Quiche auf mittlerer Schiene ca. 30–40 Minuten goldbraun backen, bis der Guss gestockt ist. Etwa 10 Minuten im ausgeschalteten Backofen ruhen lassen. Dann in Stücke schneiden und lauwarm servieren.

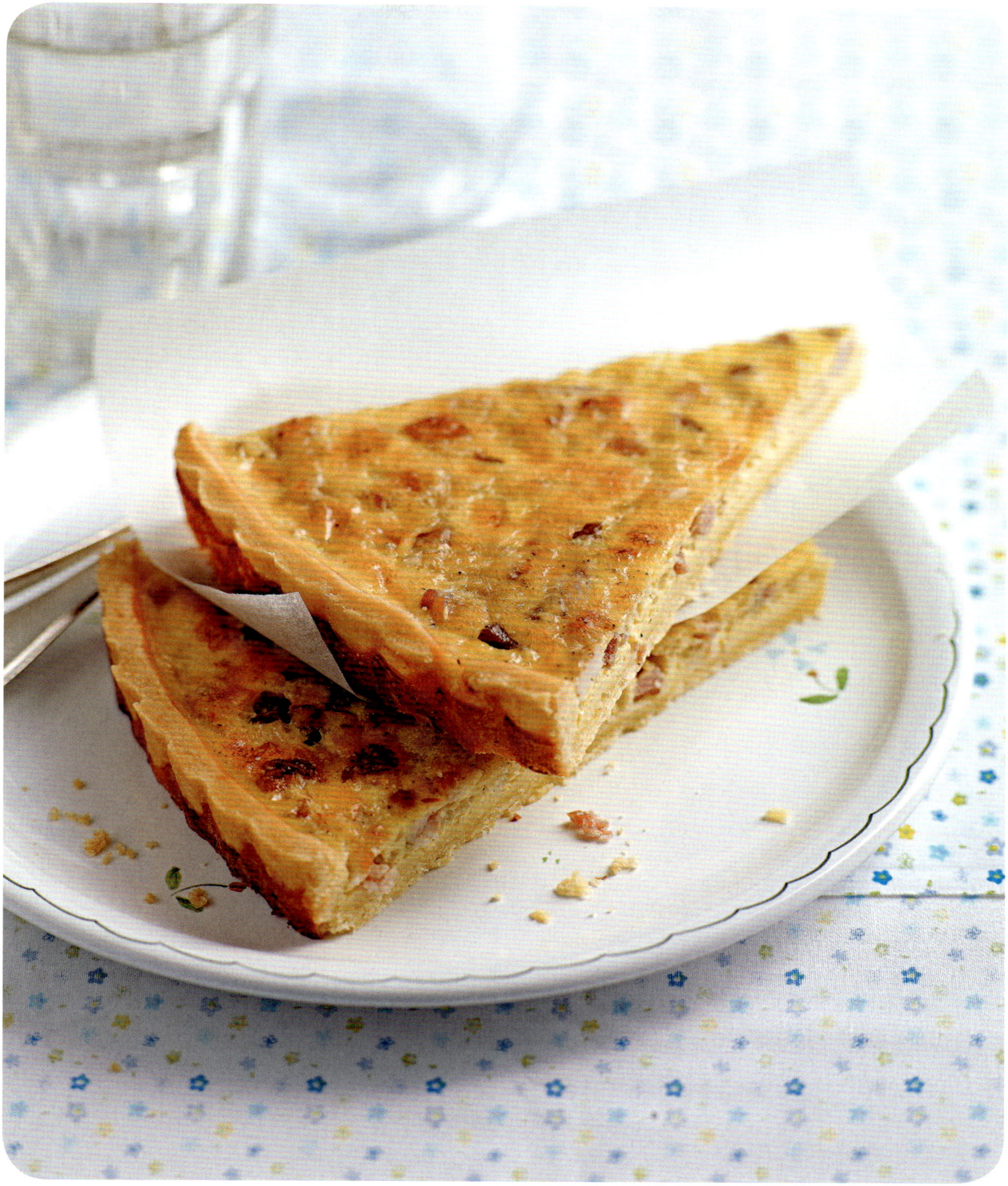

LIEBLINGSGEBÄCK VON BAUER MICHAEL

Flammkuchen

FÜR 2 BACKBLECHE

Teig

250 g Mehl
½ TL Salz
½ TL Zucker
125 ml Bier
50 ml Wasser
Mehl zum Bearbeiten

Belag

200 g Zwiebeln
200 g Crème fraîche
Salz, Pfeffer
150 g rohe Schinkenwürfel

Zubereitung Teig

Backofen mit einem Backblech auf 250 °C Ober- und Unterhitze vorheizen.

Alle Zutaten mit einem Handrührgerät mit Knethaken zu einem glatten Teig verkneten. In zwei Portionen teilen, auf einer leicht bemehlten Arbeitsfläche jeweils sehr dünn ausrollen und auf je einen Backpapierbogen legen.

Zubereitung Belag

Zwiebeln schälen und mit einem Gemüsehobel in feine Scheiben hobeln oder halbieren und sehr fein schneiden. Crème fraîche mit Salz und Pfeffer abschmecken und die Teigplatten gleichmäßig damit bestreichen.

Zwiebelscheiben und Schinkenwürfel darüber verteilen. Den Teig mit dem Backpapier auf das heiße Blech ziehen und im vorgeheizten Backofen im oberen Drittel ca. 8 Minuten backen. Den zweiten Flammkuchen auf die gleiche Weise backen.

Noch heiß servieren.

So golden die Sonne im Juli strahlt, so golden sich der Roggen mahlt.

Lauchkuchen

FÜR 12 KUCHENSTÜCKE

Mürbeteig

300 g Mehl
200 g weiche Butter
10 g Salz
1 Ei

Füllung

3 Stangen Lauch
2 EL Olivenöl
Salz, Pfeffer
4 Eier
250 ml Milch
100 ml Sahne
Salz, Pfeffer
Muskatnuss

Zutaten Fertigstellung

Butter und Mehl
für die Form
Mehl zum Bearbeiten

Zubereitung Mürbeteig

Mehl in eine Schüssel sieben und mit Butter, Salz und Ei mit einem Handrührgerät mit Knethaken zu einem glatten Teig verkneten. Zu einer Kugel formen, in Frischhaltefolie wickeln und mindestens 1 Stunde in den Kühlschrank stellen.

Zubereitung Füllung

Den Lauch putzen, waschen, längs halbieren und in dünne Ringe schneiden. Öl in einer Pfanne erhitzen, Lauch zugeben und kurz anschwitzen. Mit Salz und Pfeffer würzen. Nach ca. 4 Minuten Garzeit beiseitestellen und auskühlen lassen.

Eier, Milch und Sahne mit einem Schneebesen verquirlen. Mit Salz, Pfeffer und frisch geriebener Muskatnuss würzen.

Fertigstellung

Backofen auf 200 °C Ober- und Unterhitze vorheizen. Eine Springform (Ø 28 cm) mit Butter einfetten und mit Mehl bestäuben. Das überschüssige Mehl anschließend abklopfen.

Den Teig auf einer leicht bemehlten Arbeitsfläche etwas größer als die Springform ausrollen und in die Springform legen, sodass auch der Rand bedeckt ist. Mit einer Gabel den Boden mehrmals einstechen.
Den Lauch gleichmäßig auf dem Teigboden verteilen, die Eimasse darüber gießen und im vorgeheizten Backofen auf mittlerer Schiene ca. 45 Minuten backen. Herausnehmen, kurz ruhen lassen, aus der Form lösen und sofort servieren.

Blätterteiggebäck

Käsestangen

Für ca. 50 Stangen

900g tiefgekühlter Blätterteig
3 verquirlte Eigelb
450g frisch geriebener Gouda
Mohn- und Sesamsamen zum Bestreuen

Backofen auf 220 °C Ober- und Unterhitze vorheizen. Ein Backblech kalt abspülen. Die Blätterteigplatten nebeneinander legen, antauen lassen und quer in etwa 2 cm breite Streifen schneiden.
Mit Eigelb bestreichen, im geriebenen Käse wälzen und mit Mohn- oder Sesamsamen bestreuen. Auf das Backblech legen und im vorgeheizten Backofen auf der mittleren Schiene ca. 15 Minuten goldgelb backen.

Erdnuss-Schnecken

Für ca. 28 Stück

4 Scheiben tiefgekühlter Blätterteig (ca. 360g)
8 EL gesalzene Erdnüsse
4 EL Crème fraîche
Currypulver

Blätterteigplatten nebeneinander legen und auftauen lassen.
Backofen auf 200 °C Ober- und Unterhitze vorheizen. Ein Backblech mit Backpapier auslegen. Erdnüsse grob hacken. Die Blätterteigplatten mit je 1 EL Crème fraîche bestreichen und die Erdnüsse darauf verteilen. Mit etwas Currypulver bestreuen und die Platten von der kurzen Seite her aufrollen. Jede Rolle mit einem Messer in 7 Schnecken schneiden und im vorgeheizten Backofen auf mittlerer Schiene ca. 20 Minuten backen.

Herzhafte Blätterteigpäckchen

Für ca. 40 Stück

450g tiefgekühlter Blätterteig
300g Crème fraîche
6 TL grünes Pesto
200g geriebener Käse
40 Mini-Salami
4 EL Milch

Blätterteigplatten nebeneinander legen und auftauen lassen.
Backofen auf 220 °C Ober- und Unterhitze vorheizen. Ein Backblech mit Backpapier auslegen.
Die Blätterteigplatten vierteln. Crème fraîche mit Pesto vermischen und dünn auf den Blätterteig streichen. Mit etwas Käse bestreuen, eine Mini-Salami in die Mitte legen und den Blätterteig in der Mitte so zusammenklappen, dass ein Rechteck entsteht. Auf das Backblech setzen, mit Milch bestreichen und mit dem restlichen Käse bestreuen. Im vorgeheizten Backofen auf mittlerer Schiene ca. 12 Minuten backen. Die restliche Crème fraîche-Pestomasse als Dip servieren.

Blätterteigtaschen mit verschiedenen Füllungen

Für 10 Stück

450g tiefgekühlter Blätterteig
Füllung nach Wahl (s.u.)
1 Eiweiß
1 Eigelb

Blätterteigplatten nebeneinander legen und auftauen lassen. Backofen auf 200 °C Ober- und Unterhitze vorheizen. Ein Backblech mit Backpapier auslegen. Die vorbereitete Füllung mittig auf die Blätterteigplatten setzen, die Ränder mit Eiweiß bestreichen, nach Belieben zu einem Recht- oder Dreieck zusammenklappen, auf das Backblech setzen, mit Eigelb bestreichen und im vorgeheizten Backofen auf mittlerer Schiene ca. 20 Minuten backen.

Räucherlachs-Füllung

100g Räucherlachs
4 Frühlingszwiebeln
1 rote Paprika
125g Kräuter-Crème fraîche
Salz, Pfeffer

Räucherlachs in Streifen schneiden. Frühlingszwiebeln putzen, waschen und in Ringe schneiden. Paprika waschen, Kerne und weiße Innenhäute entfernen und in feine Würfel schneiden. Alles mit Kräuter-Crème fraîche vermengen und mit Salz und Pfeffer abschmecken.

Spinat-Feta-Füllung

1 Zwiebel
1 EL neutrales Öl
225g Blattspinat
Salz, Pfeffer
Muskatnuss
100g Schafskäse
40g getr. Tomaten

Zwiebel schälen und in feine Würfel schneiden. In einer Pfanne mit Öl andünsten. Aufgetauten und ausgedrückten Blattspinat zufügen. Mit Salz, Pfeffer und Muskatnuss abschmecken. Schafskäse und getrocknete Tomaten in Würfel schneiden und unter den Spinat mengen.

Schinken-Rucola-Füllung

150g Serranoschinken oder rohen Schinken
2 Bund Rucola
1 EL Butter
100g Ricotta
Salz, Pfeffer

Schinken klein schneiden. Rucola waschen, grob hacken und in einer Pfanne mit Butter dünsten. Abkühlen lassen und mit Schinken sowie Ricotta verrühren. Mit Salz und Pfeffer abschmecken.

Hackfleischfüllung

2 Frühlingszwiebeln
1 Knoblauchzehe
200g Hackfleisch
1 EL neutrales Öl
1 TL Kreuzkümmel
1 TL Koriander
½ TL Zimt
Salz, Cayennepfeffer
6 Kirschtomaten

Frühlingszwiebeln putzen, waschen und in feine Ringe schneiden. Knoblauchzehe schälen und klein hacken. Knoblauch zusammen mit Hackfleisch in Öl krümelig braten. Frühlingszwiebeln, Kreuzkümmel, Koriander sowie Zimt zufügen und mit Salz und Cayennepfeffer abschmecken. Kirschtomaten waschen, klein schneiden und unter das Hackfleisch mengen.

Schinkenhörnchen

FÜR 16 HÖRNCHEN

Quark-Öl-Teig

250 g weiche Butter
250 g Magerquark
½ TL Salz
250 g Mehl
Mehl zum Bearbeiten

Zubereitung Quark-Öl-Teig

Butter, Quark und Salz mithilfe eines Handrührgeräts verrühren. Das Mehl dazusieben und alles mit einem Handrührgerät mit Knethaken zu einem glatten Teig verkneten.

Den Teig auf einer leicht bemehlten Arbeitsfläche zu zwei Kreisen à 36 cm Durchmesser ausrollen. Die Kreise in je 8 Dreiecke schneiden.

Füllung

2 Zwiebeln
1 EL Butter
250 g Schinkenwürfel
2 EL gehackte Petersilie
2 EL Crème fraîche
Salz, Pfeffer

Zubereitung Füllung

Zwiebeln schälen und in feine Würfel schneiden. Butter in einer Pfanne erhitzen und die Zwiebeln darin glasig andünsten. Schinkenwürfel zugeben und kurz mit andünsten. Petersilie und Crème fraîche einrühren. Mit Salz und Pfeffer würzen und die Masse erkalten lassen.

Backofen auf 180 °C Ober- und Unterhitze vorheizen. Ein Backblech mit Backpapier auslegen.

Zutaten Fertigstellung

1 Eigelb
3 EL Milch zum Bestreichen

Fertigstellung

Jeweils etwas abgekühlte Masse auf das untere Drittel der Dreiecke setzen und diese von der langen Seite her zu Hörnchen aufrollen. Die Hörnchen auf das Backblech setzen.
Eigelb und Milch verquirlen, die Hörnchen damit bestreichen und im vorgeheizten Backofen auf mittlerer Schiene ca. 20–25 Minuten backen. Etwas abkühlen lassen und am besten noch lauwarm servieren.

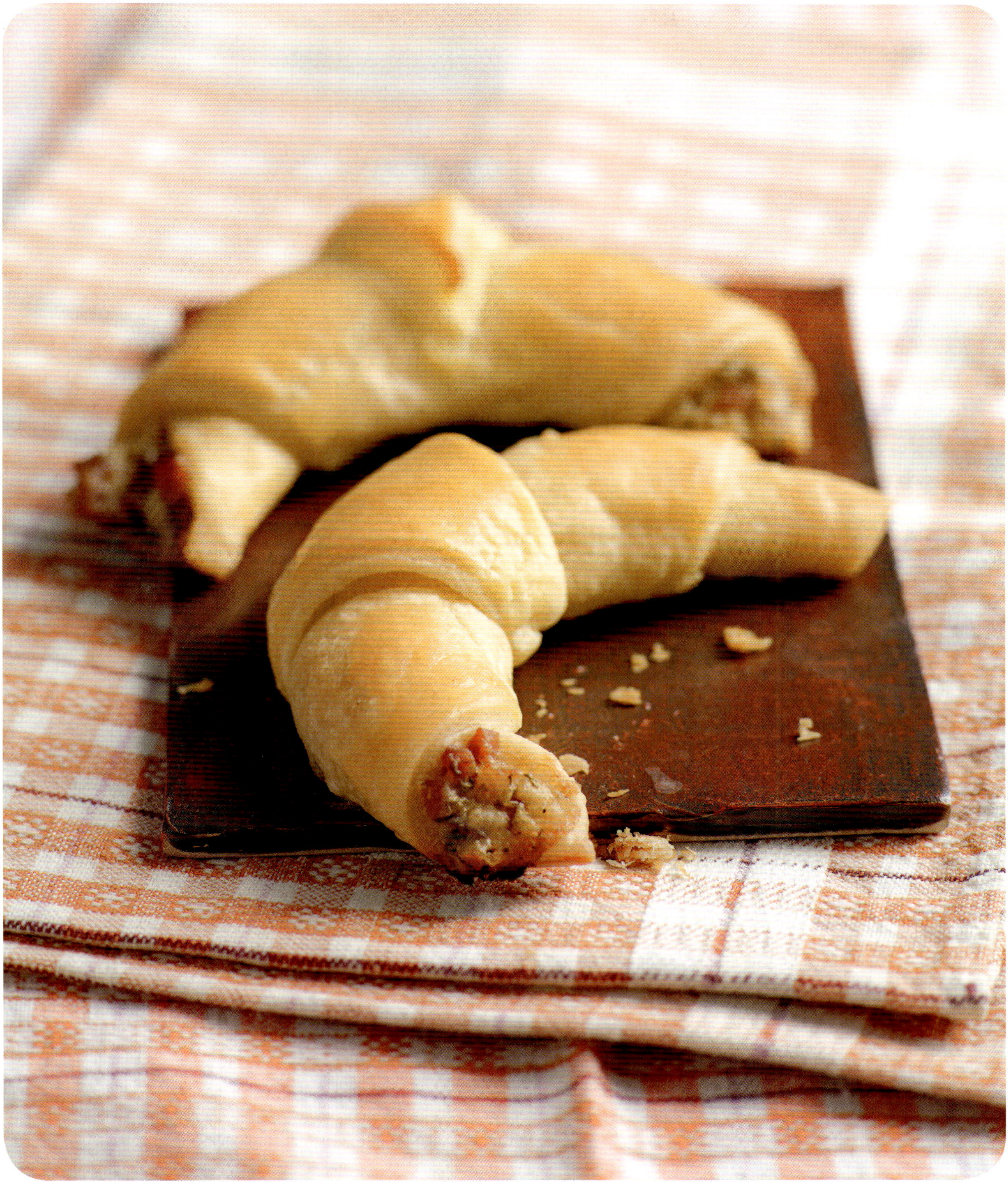

Pikanter Gugelhupf

FÜR 16 STÜCKE

Zutaten

Butter und Mehl
für die Form
2 Paprikaschoten
1 Zwiebel
½ Bund Schnittlauch
½ Bund Petersilie
200 g weiche Butter
6 Eier
200 g Mehl
2 TL Backpulver
200 g Schinkenwürfel
200 g geriebener Käse
Salz
Pfeffer

Zubereitung

Backofen auf 180 °C Ober- und Unterhitze vorheizen. Eine Gugelhupfform (Ø 24 cm) mit Butter einfetten und mit Mehl bestäuben. Überschüssiges Mehl anschließend abklopfen.

Paprika waschen, Kerne und weiße Innenhäute entfernen und in feine Würfel schneiden. Zwiebel schälen und ebenfalls in feine Würfel schneiden. Schnittlauch und Petersilie waschen und trocken schütteln. Von der Petersilie die Blätter abzupfen und fein hacken. Den Schnittlauch in feine Röllchen schneiden.

Butter mit einem Handrührgerät schaumig rühren. Die Eier nach und nach unterrühren. Mehl mit Backpulver mischen und dazusieben. Paprika-, Zwiebel- und Schinkenwürfel sowie den Käse untermengen. Mit Salz, Pfeffer, Schnittlauch und Petersilie abschmecken. Teig in die Form geben und im vorgeheizten Backofen auf dem Rost auf mittlerer Schiene ca. 35–40 Minuten backen. Die Stäbchenprobe durchführen (siehe Seite 170). Den Kuchen kurz in der Form stehen lassen, dann auf einen Kuchenrost stürzen und auskühlen lassen.

Tipp

Für eine vegetarische Variante ersetzen Sie die Schinkenmenge durch geraspelte Möhren und Kohlrabi sowie eine weitere Zwiebel.

Andreasschnee tut dem Korn und Weizen weh. (30. November)

Zwiebelbaguette

FÜR 2 BAGUETTES

Hefeteig

500g Mehl
1 Würfel Hefe (42g)
1 TL Zucker
1 EL Salz
125ml lauwarme Buttermilch
50g Röstzwiebeln

Zubereitung Hefeteig

Das Mehl in eine Schüssel sieben. In die Mitte eine Mulde drücken und Hefe hineinbröckeln. Zucker, Salz und Buttermilch zufügen und alles mit einem Handrührgerät mit Knethaken zu einem glatten Teig verkneten. Abgedeckt ca. 1 Stunde gehen lassen, bis sich das Teigvolumen sichtbar vergrößert hat.

Mit den Händen noch einmal kräftig durchkneten und ein weiteres Mal abgedeckt ca. 1 Stunde gehen lassen.

Backofen auf 250 °C Ober- und Unterhitze vorheizen. Ein Backblech mit Backpapier auslegen. Den Teig noch einmal kneten und die Röstzwiebeln untermengen. Zu zwei länglichen Baguettes formen und diese auf das Backblech legen.

Mit Wasser bestreichen und auf mittlerer Schiene ca. 5 Minuten backen. Anschließend bei 200 °C Ober- und Unterhitze in ca. 25–30 Minuten fertig backen. Mit der Klopfprobe prüfen (siehe Seite 170), ob die Baguettes gar sind.

Wettert der Juli mit großem Zorn, bringt er dafür reicheres Korn.

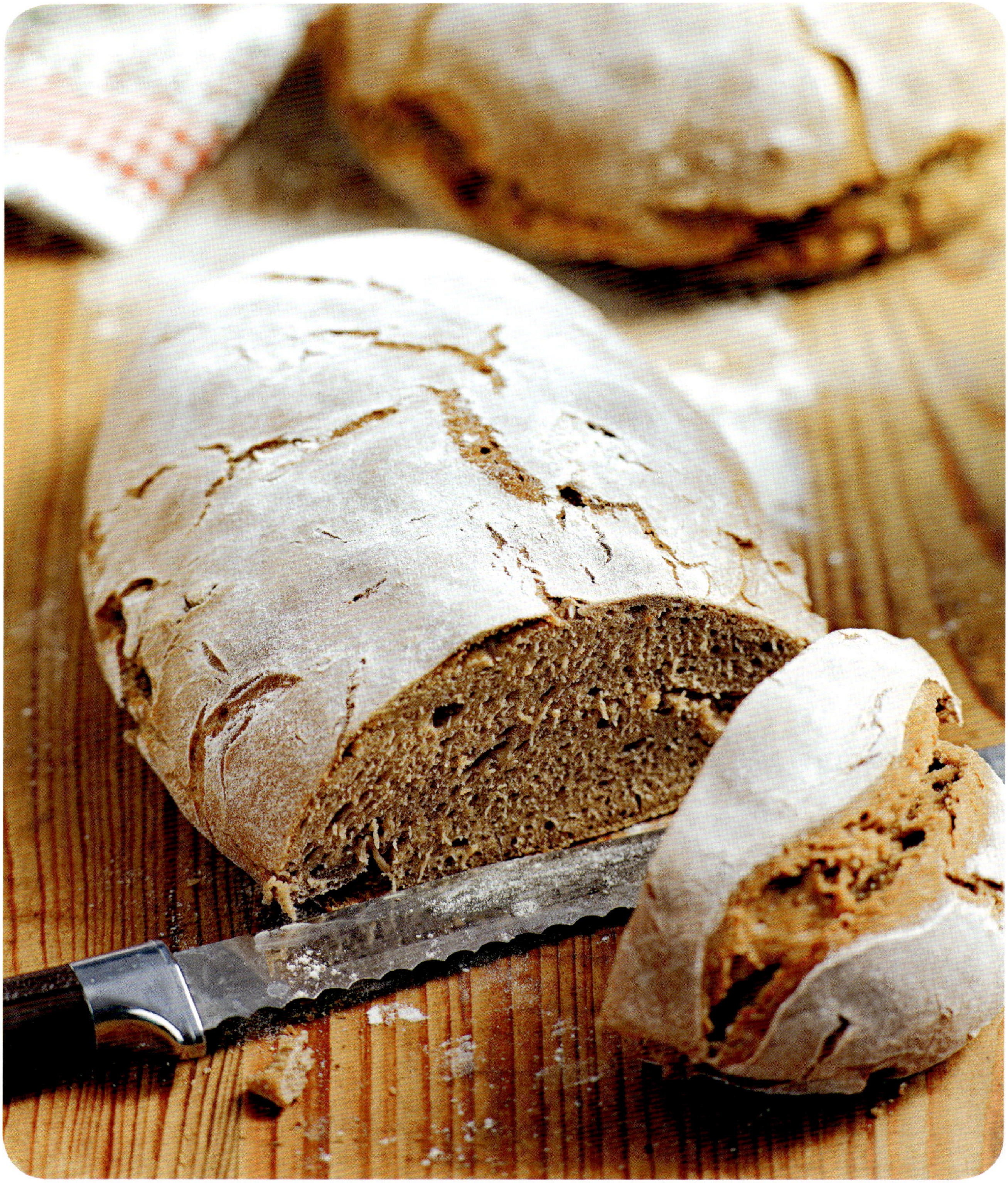

Holzofenbrot

FÜR 2 BROTE

Brotteig

810 g Roggenmehl
(Type 1150)
270 g Schwarzroggenmehl
(Type R 2500)
80 g Salzsole oder
25 g Meersalz
180 g Natursauerteig
(vom Bäcker)
½ Würfel Hefe (ca. 26 g)
720 ml warmes Wasser
5 g Brotgewürz

Zubereitung Brotteig

Alle Zutaten mithilfe einer Küchenmaschine ca. 30 Minuten miteinander verkneten. Den Teig zugedeckt an einem warmen Ort ca. 1 Stunde ruhen lassen. Dann halbieren und zu 2 Brotlaiben formen.

Ein Backblech mit Backpapier belegen, beide Brotlaibe auf das Blech legen, mit einem Küchentuch abdecken und 1 weitere Stunde ruhen lassen.

Backofen auf 220 °C Ober- und Unterhitze vorheizen. Eine ofenfeste Schale mit Wasser füllen und auf den Boden des Backofens stellen, damit die Brote nicht trocken werden. Die Brote im vorgeheizten Backofen auf mittlerer Schiene ca. 5 Minuten vorbacken. Dann die Temperatur auf 170 °C Ober- und Unterhitze reduzieren und die Brote ca. 1 Stunde fertig backen.

Tipp

Falls Sie kein Schwarzroggenmehl bekommen, erhöhen Sie einfach die Menge des Roggenmehls entsprechend.

April nass und kalt gibt Roggen wie ein Wald.

Dinkelvollkornbrot

FÜR 1 BROT

Brotteig

425 g Dinkelvollkornmehl
1 Päckchen Trockenhefe
1 gestr. TL brauner Zucker
2 gestr. TL Salz
3 EL Sonnenblumenöl
250 ml lauwarmes Wasser
Mehl zum Bearbeiten

Zubereitung Brotteig

Dinkelvollkornmehl sorgfältig mit der Trockenhefe vermischen. Mit den übrigen Zutaten mit einem Handrührgerät mit Knethaken zu einem glatten Teig verkneten. Zugedeckt an einem warmen Ort ca. 1 Stunde gehen lassen, bis er sich sichtbar vergrößert hat.

Backofen auf 200 °C Ober- und Unterhitze vorheizen. Ein Backblech mit Backpapier auslegen.

Den Teig auf einer leicht bemehlten Arbeitsfläche noch einmal kurz mit den Händen durchkneten. Ein rundes Brot formen, auf das Blech legen und mit einem Küchentuch bedeckt erneut ca. 30 Minuten an einem warmen Ort gehen lassen. Die Oberfläche des Teigs mit einem scharfen Messer mehrmals schräg etwa 1 cm tief einschneiden und mit Wasser bestreichen.

Auf der mittleren Schiene ca. 45 Minuten backen. Das Brot während des Backens gelegentlich mit Wasser bestreichen, damit es eine schöne Kruste bekommt. Mit der Klopfprobe prüfen (siehe Seite 170), ob das Brot gar ist.

Wenn die Gerste fällt, bekommt der Bauer Geld.

Würziges Mischbrot

FÜR 2 BROTE

Brotteig

750 g Weizenvollkornmehl
500 g Roggenvollkornmehl
1 EL gemahlener Koriander
1 EL Kümmelsamen
1 EL Fenchelsamen
1 Msp. Muskatnuss
1 ½ Würfel Hefe (ca. 63 g)
600 ml lauwarmes Wasser
1 EL flüssiger Honig
2 TL Meersalz
Mehl zum Bearbeiten
4 EL lauwarme Milch zum Bestreichen
1 EL Koriandersamen zum Bestreuen

Zubereitung Brotteig

Die beiden Mehlsorten zusammen mit den Gewürzen in eine Schüssel geben und gut vermischen. In die Mitte eine Mulde drücken, Hefe hineinbröckeln und Wasser, Honig und Salz zufügen. Am besten mithilfe einer Küchenmaschine zu einem glatten Teig verkneten und zugedeckt an einem warmen Ort ca. 1 Stunde gehen lassen, bis sich das Teigvolumen sichtbar vergrößert hat.

Ein Backblech mit Backpapier auslegen.

Den Teig auf einer bemehlten Arbeitsfläche noch einmal mit den Händen gut durchkneten, halbieren, zu länglichen Brotlaiben formen und auf das Backblech legen. Mit Milch bestreichen und mit Koriandersamen bestreuen. Mit einem Küchentuch abdecken und erneut an einem warmen Ort ca. 30 Minuten gehen lassen.

Backofen auf 220 °C Ober- und Unterhitze vorheizen. Eine feuerfeste Schale mit heißem Wasser auf den Boden des Ofens stellen. Die Brote auf der mittleren Schiene ca. 15 Minuten backen. Anschließend bei 180 °C Ober- und Unterhitze weitere 60 Minuten backen. Mit der Klopfprobe prüfen (siehe Seite 170), ob das Brot gar ist.
Sofort mit heißem Wasser bestreichen, damit sie etwas glänzen. Mit einem Küchentuch bedeckt auf einem Kuchenrost auskühlen lassen.

Wer an Lukas Roggen streut, es im Jahr drauf nicht bereut. (18. Oktober)

Süßes Kürbisbrot

FÜR 1 BROT

Brotteig

Butter und Mehl
für die Form
350 g gesiebtes Mehl
1 ½ TL Backpulver
¼ TL Natron
½ TL Salz
½ TL Zimt
½ TL gemahlener Ingwer
1 großzügige Prise
Nelken
1 großzügige Prise
Muskatnuss
125 g Butter
130 g Zucker
½ TL Vanillezucker
2 Eier
175 ml Milch
1 TL Zuckerrübensirup
250 g fein geraspelter
Kürbis (z. B. Hokkaido)
60 g gehackte Walnüsse
60 g gewürfelte Datteln

Zubereitung Brotteig

Backofen auf 180 °C Ober- und Unterhitze vorheizen. Eine Kastenform (25 cm) mit Butter einfetten und mit Mehl bestäuben. Überschüssiges Mehl anschließend abklopfen.

Mehl, Backpulver, Natron, Salz und die restlichen Gewürze miteinander vermischen. Die Butter schmelzen und mit Zucker, Vanillezucker, Eiern, Milch und Sirup mit einem Handrührgerät verrühren. Kürbisraspel und Mehlmischung untermengen. Zum Schluss die Walnüsse und Datteln unterheben.

Den Teig in die vorbereitete Kastenform füllen und im vorgeheizten Backofen auf dem Rost auf mittlerer Schiene ca. 55 Minuten backen. 10 Minuten auskühlen lassen, das Brot dann aus der Form stürzen und kalt werden lassen.

Kann der Bauer im Korn die Krähe verstecken, wird sich das Mehl häufen zu prallen Säcken.

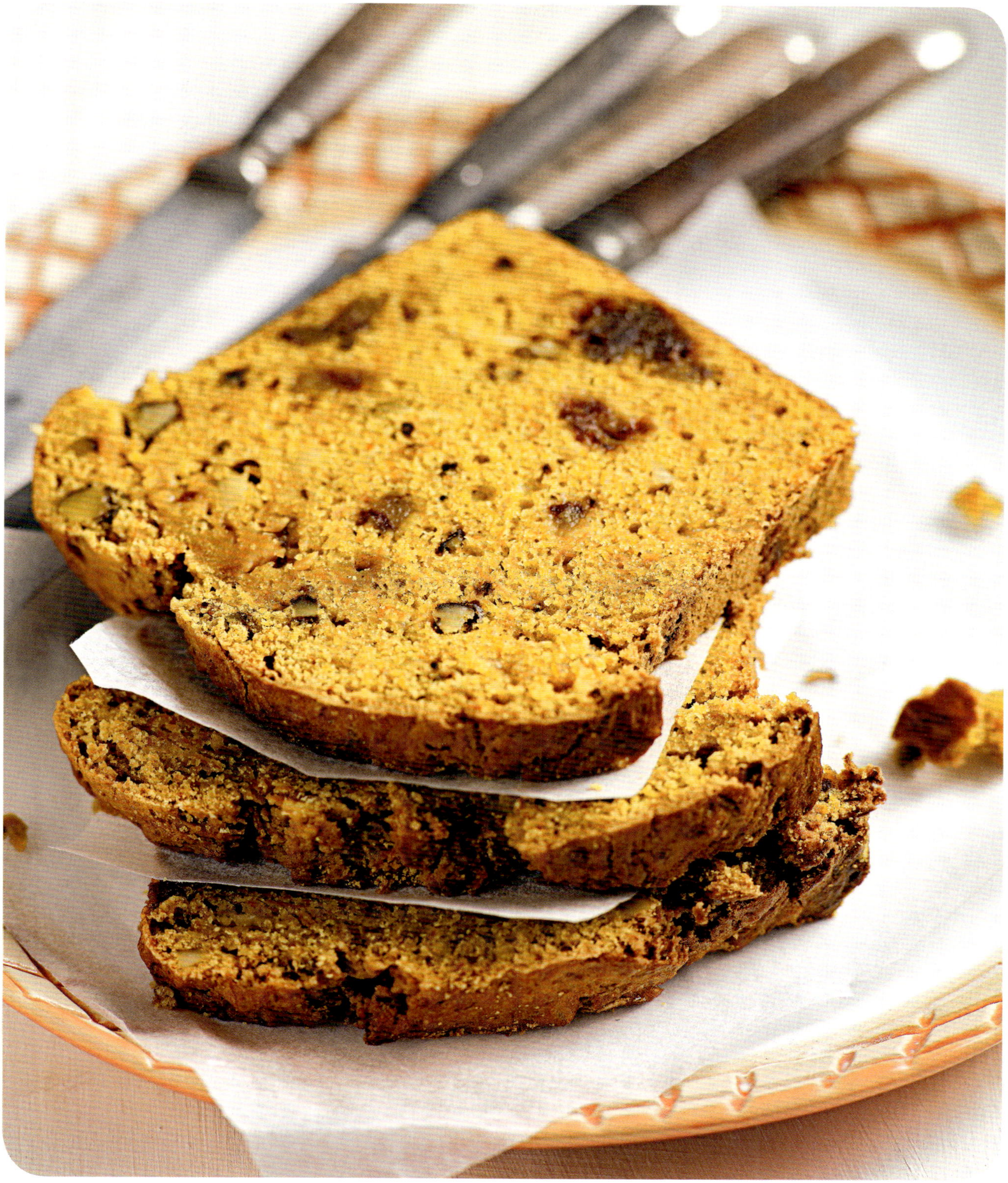

Bauernbrot

FÜR 1 BROT

Brotteig

400 g Roggenvollkornmehl
325 g Weizenvollkornmehl
1 Würfel Hefe (42 g)
1 TL Zucker
1 Päckchen flüssiger Natursauerteig (150 g, Reformhaus)
375 ml lauwarmes Wasser
4 EL Zuckerrübensirup
3 TL Salz
1 EL Roggenmehl zum Bestäuben

Zubereitung Brotteig

Die Mehlsorten in einer Schüssel miteinander mischen. Eine Mulde hineindrücken und die Hefe hineinbröckeln. Zucker und etwas lauwarmes Wasser zugeben. Die Hefe mit etwas Mehl glatt rühren. Zugedeckt ca. 10 Minuten gehen lassen.

Den Beutel mit dem Sauerteig ca. 10 Minuten in warmes Wasser legen. Anschließend den Hefevorteig mit etwas Mehl bestreuen. Sauerteig, lauwarmes Wasser, Sirup und Salz hinzufügen. Alle Zutaten am besten in einer Küchenmaschine etwa 10 Minuten gründlich kneten. Den Teig zugedeckt in einer Schüssel ca. 45 Minuten gehen lassen, bis sich das Teigvolumen sichtbar vergrößert hat.

Ein Backblech mit Backpapier auslegen. Den Teig nochmals mit den Händen gründlich kneten und zu einem länglichen Brot formen. Auf das Backblech legen und mit einem Küchentuch bedeckt weitere 35 Minuten gehen lassen.

Backofen auf 230 °C Ober- und Unterhitze vorheizen. Die Oberfläche des Brotes mehrmals kreuzweise einritzen, mit Wasser bestreichen und mit dem Roggenmehl bestreuen. Das Brot in den Ofen schieben und sofort eine Tasse Wasser auf den Ofenboden gießen.

Ca. 10 Minuten backen, dann die Temperatur auf 200 °C Ober- und Unterhitze reduzieren und in ca. 50–60 Minuten fertig backen. Mit der Klopfprobe prüfen (siehe Seite 170), ob das Brot gar ist.

Kastenweißbrot

FÜR 1 BROT

Brotteig

500g Mehl
½ Würfel Hefe (21g)
500ml lauwarme Milch
1 TL Zucker
1 EL Salz
60g flüssige Butter
Butter für die Form
Mehl zum Bearbeiten

Zubereitung Brotteig

Mehl in eine Schüssel sieben. In die Mitte eine Mulde drücken und die Hefe hineinbröckeln. Milch, Zucker, Salz und Butter zufügen und alles mit einem Handrührgerät mit Knethaken zu einem glatten Teig verkneten. Abgedeckt an einem warmen Ort ca. 30 Minuten gehen lassen, bis sich das Teigvolumen sichtbar vergrößert hat.

Eine Kastenform (28 cm) mit Butter einfetten.

Den Teig auf einer leicht bemehlten Arbeitsfläche nochmals gut mit den Händen durchkneten, in die Form legen und abgedeckt weitere 30 Minuten gehen lassen.

Backofen auf 180 °C Ober- und Unterhitze vorheizen. Die Teigoberfläche einmal längs einschneiden und mit lauwarmem Wasser bestreichen.

Auf mittlerer Schiene ca. 60–70 Minuten backen. Aus dem Ofen nehmen, aus der Form stürzen und auskühlen lassen.

Stäubt der Roggen vor der Gerste, wird er sein beim Schnitt der erste.

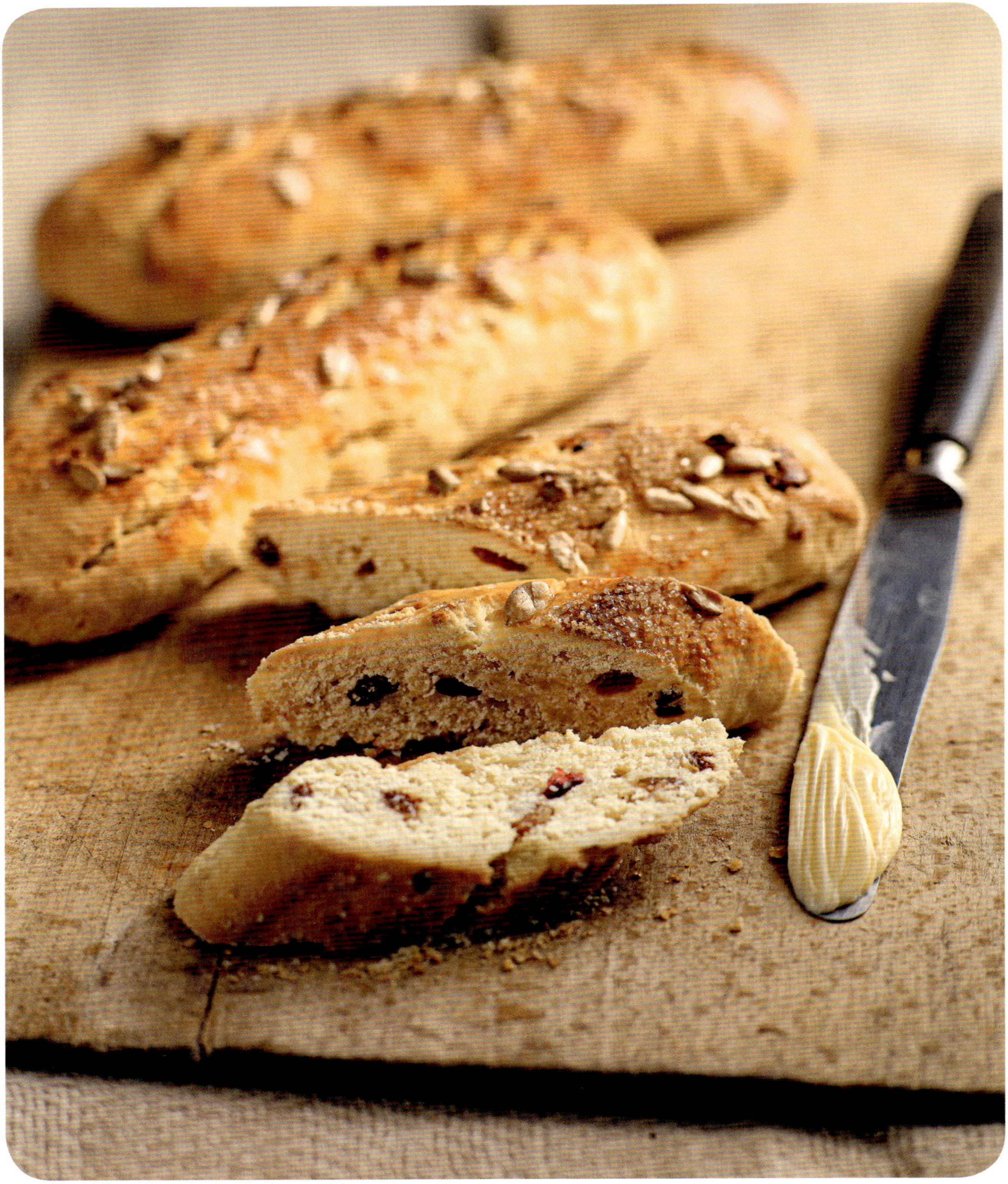

Müslistangen

FÜR 6 STANGEN

Zutaten

125g weiche Butter
40g brauner Zucker
½ TL Salz
1 Ei
400g Mehl
1 ½ TL Backpulver
120g Früchtemüsli
200ml Milch
Mehl zum Bearbeiten
1 Ei zum Bestreichen
Sonnenblumenkerne zum Bestreuen
brauner Zucker zum Bestreuen

Zubereitung

Backofen auf 250 °C Ober- und Unterhitze vorheizen. Ein Backblech mit Backpapier auslegen.

Butter mit Zucker und Salz mit einem Handrührgerät verrühren. Das Ei unterrühren, das Mehl mit dem Backpulver dazusieben. Zusammen mit dem Früchtemüsli mit einem Handrührgerät mit Knethaken zu einem geschmeidigen Teig verkneten und die Milch nach und nach zugießen.
Den Teig nochmals mit den Händen auf einer bemehlten Arbeitsfläche kneten. In 6 gleichgroße Portionen teilen, zu Stangen formen und auf das vorbereitete Backblech legen.

Mit verquirltem Ei bestreichen und mit Sonnenblumenkernen und Zucker bestreuen. Im vorgeheizten Backofen auf mittlerer Schiene ca. 10–15 Minuten goldbraun backen. Herausnehmen und auskühlen lassen.

Bläst der Wind im Februar ins Horn, bläst er im Sommer auch ins Korn.

Quarkbrötchen

FÜR 12 STÜCK

Brötchenteig

150 g Magerquark
7 EL Milch
6 EL Sonnenblumenöl
½ TL Salz
1 EL Sesamsamen
1 EL Leinsamen
1 EL Sonnenblumenkerne
300 g Mehl
1 Päckchen Backpulver
Mehl zum Bearbeiten
Milch zum Bestreichen
Sesam- und Leinsamen zum Bestreuen

Zubereitung Brötchenteig

Backofen auf 200 °C Ober- und Unterhitze vorheizen. Ein Backblech mit Backpapier auslegen.

Quark mit Milch, Öl und Salz mit einem Handrührgerät cremig verrühren. Sesam-, Leinsamen und Sonnenblumenkerne unterrühren. Das Mehl mit dem Backpulver mischen, dazusieben und mit einem Handrührgerät mit Knethaken unter den Quark kneten.

Den Teig auf einer leicht bemehlten Arbeitsfläche zu einer Rolle formen. In 12 gleichgroße Portionen teilen, zu Kugeln formen und auf das Backblech legen. Mit einem scharfen Messer kreuzweise einritzen. Mit Milch bestreichen und mit Sesam- sowie Leinsamen bestreuen.

Die Brötchen im vorgeheizten Backofen auf mittlerer Schiene ca. 15–20 Minuten backen. Auf einem Kuchengitter auskühlen lassen.

Muht die Kuh laut im Getreide, war ein Loch im Zaun der Weide.

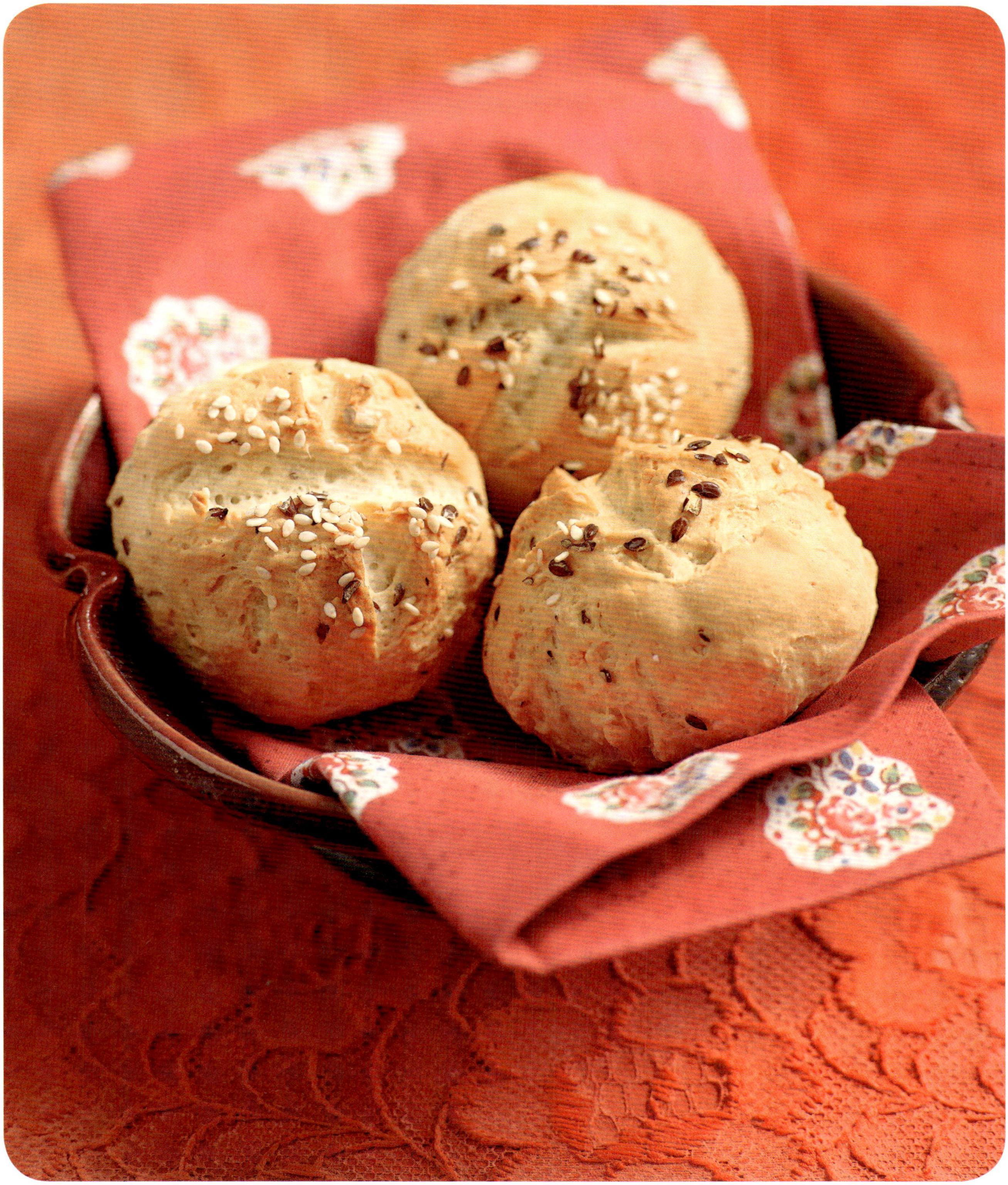

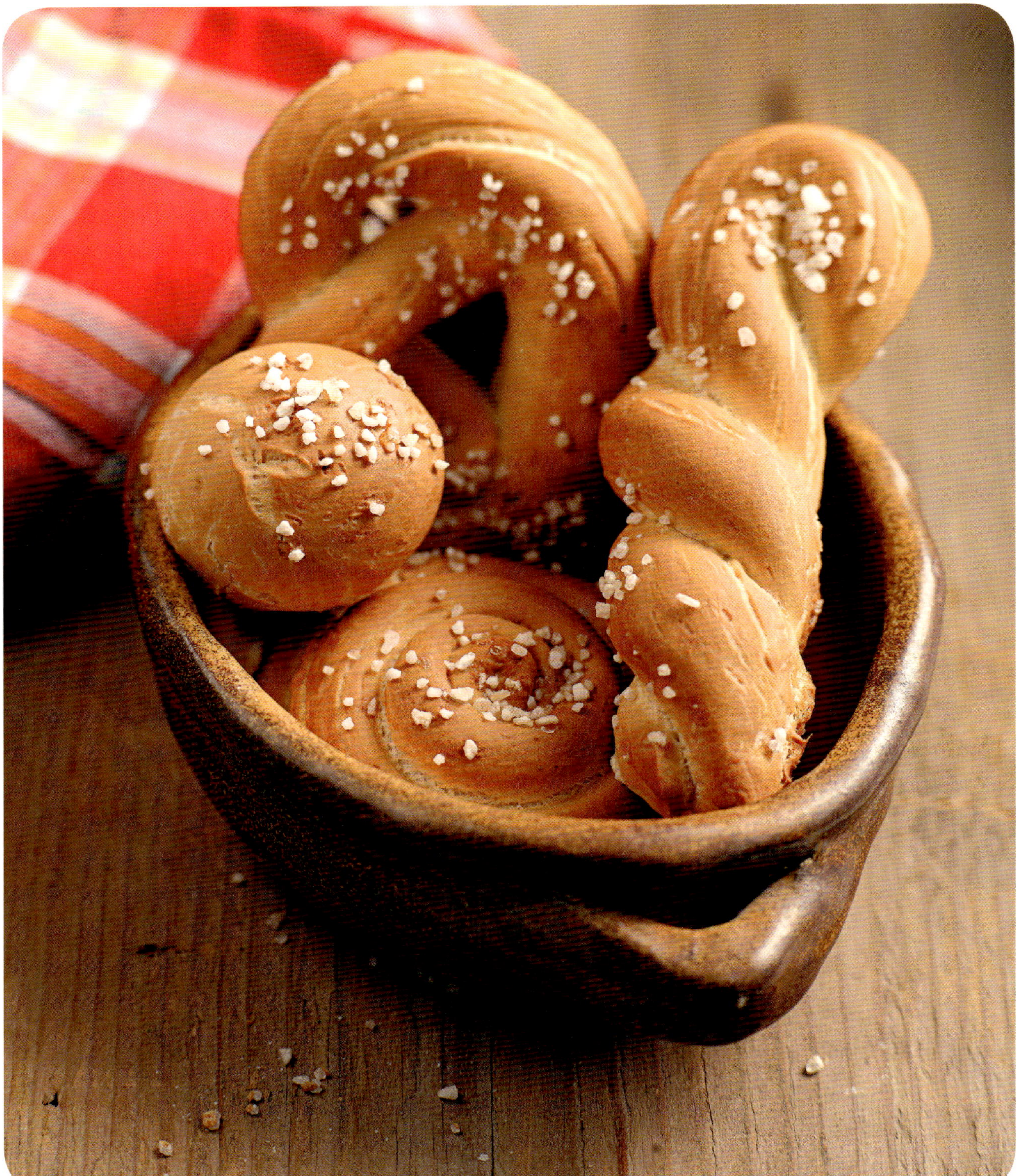

LIEBLINGSGEBÄCK VON BAUER ALBERT

Laugengebäck

FÜR 10 GEBÄCKSTÜCKE

Hefeteig

500 g Mehl
½ Würfel Hefe (21 g)
1 EL Zucker
1 TL Salz
120 ml lauwarmes Wasser
Mehl zum Bearbeiten
Butter zum Einfetten

Zubereitung Hefeteig

Mehl in eine große Schüssel sieben. Eine Mulde hineindrücken und die Hefe hineinbröckeln. Zucker, Salz und lauwarmes Wasser zufügen und alles mit einem Handrührgerät mit Knethaken zu einem glatten Teig verkneten. Die Schüssel mit einem Tuch abdecken und ca. 1 Stunde an einem warmen Ort gehen lassen, bis sich das Teigvolumen deutlich vergrößert hat.

Den Teig dann auf einer leicht bemehlten Arbeitsfläche mit den Händen noch einmal kräftig durchkneten und in 10 gleich große Stücke teilen. Entweder für Laugenbrötchen zu Kugeln oder für Laugenstangen zu einer länglichen Rolle formen. Für Brezeln aus jedem Teigstück eine 30 cm lange Rolle formen, deren Mitte etwa daumendick und deren Enden bleistiftdünn sind. Aus diesen Strängen Brezeln formen und die Enden auf dem dickeren Teil andrücken.
Ein Backblech mit Butter fetten. Backofen auf 225 °C Ober- und Unterhitze vorheizen.

Lauge

etwa 1 l Wasser
15 g Natron
2 EL Hagelsalz

Zubereitung Lauge

Wasser so hoch in einen Topf füllen, dass die Gebäckstücke vollkommen eingetaucht werden können. Aufkochen und das Natronpulver vorsichtig nach und nach einrühren, da es stark sprudelt. Etwas abkühlen lassen und dann das Gebäck mit einer großen Schaumkelle für ca. 10 Sekunden in die heiße Lauge tauchen. Dabei sehr vorsichtig mit der Lauge umgehen, sie sollte nicht mit Aluminium und mit der Haut in Berührung kommen, da sie ätzend wirkt.

Die Gebäckstücke danach kurz abtropfen lassen, auf das Backblech legen und mit Hagelsalz bestreuen. Im Backofen auf mittlerer Schiene ca. 20 Minuten goldbraun backen. Auf einem Kuchengitter erkalten lassen und am besten ofenfrisch und noch lauwarm verzehren.

Backtipps und Tricks

Stäbchenprobe bei Kuchen

Mit der Stäbchenprobe prüfen Sie, ob der Kuchen gar ist. Stecken Sie dafür ein Holzstäbchen in den Kuchen und ziehen es langsam wieder heraus. Wenn kein Teig daran klebt, ist der Kuchen gar.

Klopfprobe bei Brot

So prüfen Sie, ob das Brot gar ist: Klopfen Sie mit dem Fingerknöchel auf die Unterseite des Brots. Klingt es hohl, ist das Brot fertig.

Holzstielmethode beim Frittieren

Die ideale Temperatur beim Frittieren von z. B. Berlinern liegt zwischen 160 °C und 180 °C. Sie prüfen die Temperatur am einfachsten, wenn Sie ein Holzstäbchen oder einen Holzlöffelstiel in das heiße Fett halten. Bilden sich sofort kleine Bläschen am Stiel, hat das Fett die richtige Temperatur.

Der Eischnee wird nicht fest

Damit Eischnee steif wird, müssen Schüssel und Rührbesen des Handrührgeräts frei von Fett und Eigelb sein. Deshalb Eischnee am besten immer als erstes zubereiten.

Gelatineklümpchen in der Creme

Creme in einer Schüssel über einem heißen Wasserbad erwärmen und glatt rühren. Die Klümpchen lösen sich durch die Wärme auf.

Biskuit reißt beim Lösen aus der Form

Bestreichen Sie die Stellen mit etwas Eiweiß und drücken Sie sie dann zusammen.

Der Brandteig ist zu fest geworden

Einfach ein weiteres Ei unter den Teig geben. Das lockert die Konsistenz.

Der Hefeteig geht nicht auf

Dass Hefeteig nicht richtig aufgeht, kann verschiedene Ursachen haben. Möglicherweise war die Hefe zu alt, oder sie wurde in zu heißer Flüssigkeit aufgelöst. Ein anderer Grund kann auch sein, dass Sie zu wenig Hefe für den Teig verwendet haben.

Der Hefeteigboden weicht durch

Gerade bei Obstkuchen wird der Boden schnell ein wenig feucht. Sie können das verhindern, indem Sie den Boden mit ein wenig verquirltem Eiweiß bestreichen oder dünn mit Semmelbröseln bestreuen.

Der Kuchen lässt sich nicht aus der Form lösen

Umwickeln Sie die Kuchenform mit einem feuchten Tuch und lassen sie so einen Moment stehen.

Die Kuvertüre löst sich vom Kuchen

Damit die Kuvertüre optimal am Kuchen haftet, sollten Sie den Kuchen nach dem Backen zuerst mit erwärmter und durch ein Sieb gestrichener Aprikosenkonfitüre glasieren. Erst danach mit Schokolade überziehen.

Die Kuvertüre bricht beim Schneiden des Kuchens

Rühren Sie 1 EL neutrales Öl unter die geschmolzene Kuvertüre, sie wird dadurch geschmeidiger. Es hilft außerdem, wenn Sie das Messer, das Sie zum Schneiden verwenden, vorher in heißes Wasser tauchen, gut abtrocknen und den Kuchen dann schneiden. Das Messer ist warm und macht die Kuvertüre weicher.

Der Mürbeteig ist zu krümelig

Einfach ein wenig eiskaltes Wasser unter den Teig kneten und schon wird er geschmeidiger.

Die Rosinen sinken während des Backens auf den Kuchenboden

Bestäuben Sie die Rosinen mit ein wenig Mehl, bevor Sie sie unter den Teig heben. Das Mehl sorgt dafür, dass sie besser am Teig haften.

Saisonkalender

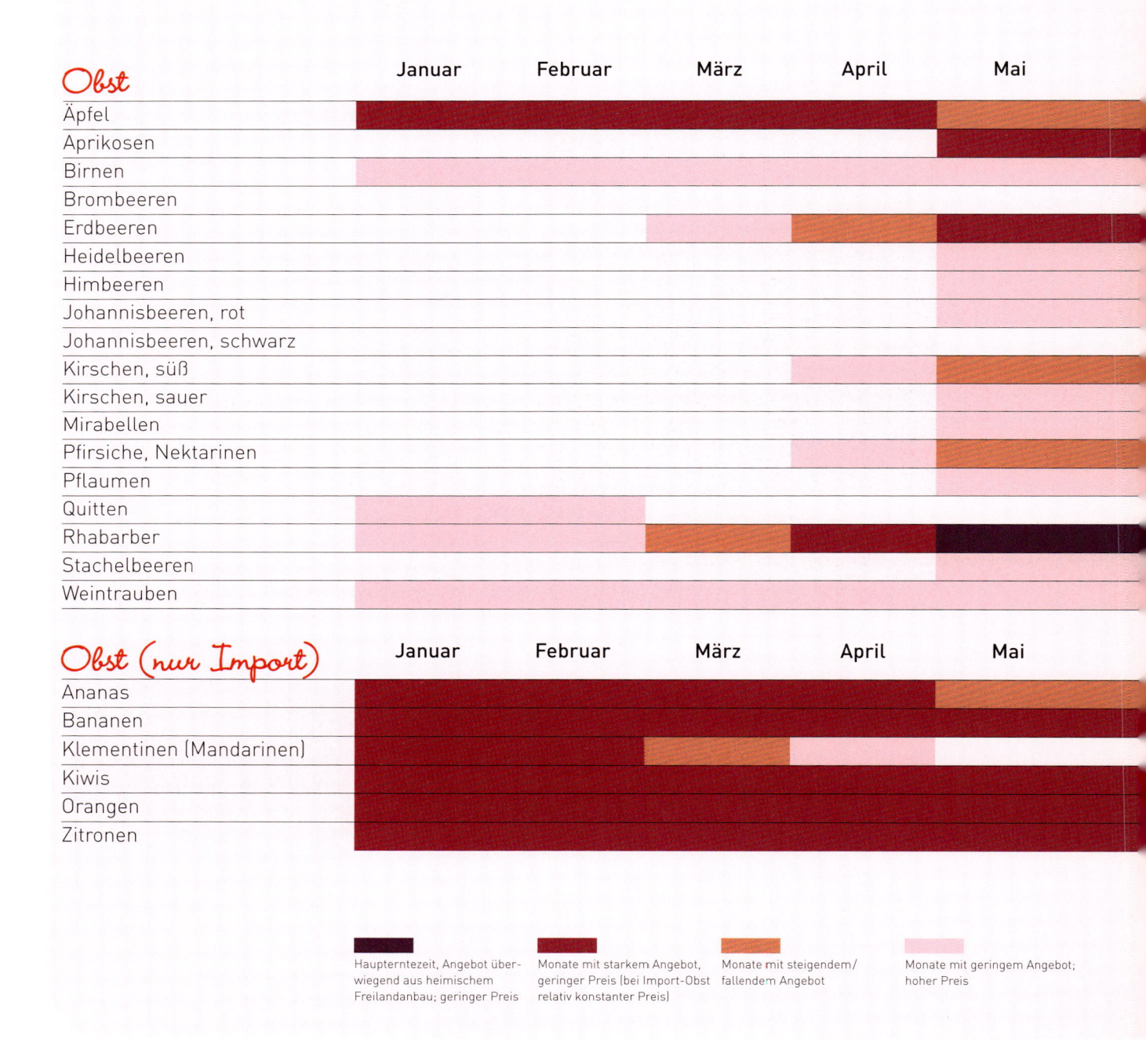

Obst	Januar	Februar	März	April	Mai
Äpfel	■ stark	■ stark	■ stark	■ stark	■ steigend/fallend
Aprikosen					■ stark
Birnen	■ gering	■ gering	■ gering	■ gering	■ gering
Brombeeren					
Erdbeeren			■ gering	■ steigend/fallend	■ stark
Heidelbeeren					■ gering
Himbeeren					■ gering
Johannisbeeren, rot					■ gering
Johannisbeeren, schwarz					■ gering
Kirschen, süß				■ gering	■ steigend/fallend
Kirschen, sauer					■ gering
Mirabellen					■ gering
Pfirsiche, Nektarinen				■ gering	■ steigend/fallend
Pflaumen					■ gering
Quitten	■ gering	■ gering	■ gering		
Rhabarber	■ gering	■ gering	■ steigend/fallend	■ stark	■ Haupterntezeit
Stachelbeeren					■ gering
Weintrauben	■ gering	■ gering	■ gering	■ gering	■ gering

Obst (nur Import)	Januar	Februar	März	April	Mai
Ananas	■ stark	■ stark	■ stark	■ stark	■ steigend/fallend
Bananen	■ stark	■ stark	■ stark	■ stark	■ stark
Klementinen (Mandarinen)	■ stark	■ stark	■ steigend/fallend	■ gering	
Kiwis	■ stark	■ stark	■ stark	■ stark	■ stark
Orangen	■ stark	■ stark	■ stark	■ stark	■ stark
Zitronen	■ stark	■ stark	■ stark	■ stark	■ stark

Legende:
- ■ Haupterntezeit, Angebot überwiegend aus heimischem Freilandanbau; geringer Preis
- ■ Monate mit starkem Angebot, geringer Preis (bei Import-Obst relativ konstanter Preis)
- ■ Monate mit steigendem/fallendem Angebot
- ■ Monate mit geringem Angebot; hoher Preis

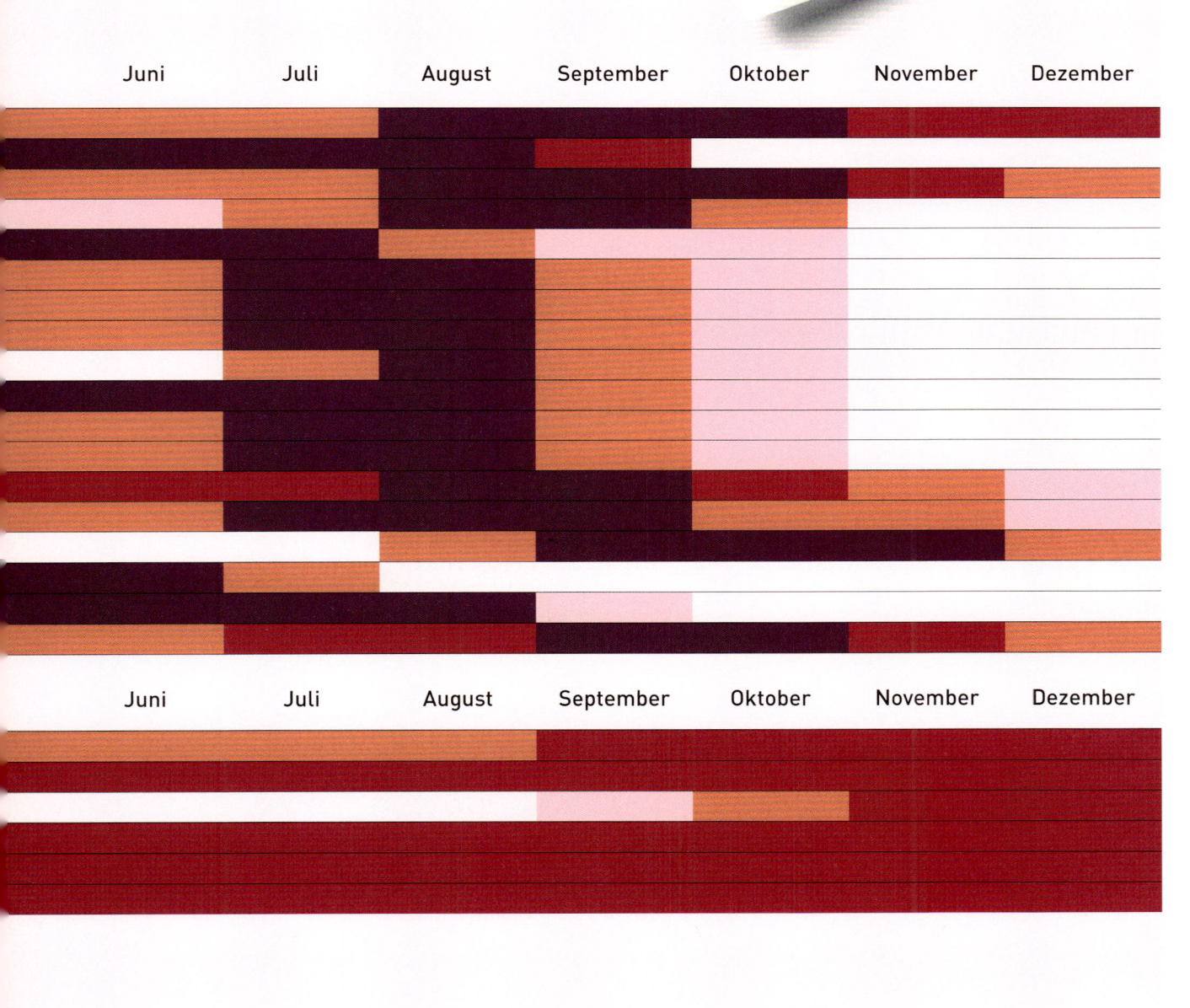

Die schlechtesten Beeren sind es nicht, an denen die Wespen nagen.

| Juni | Juli | August | September | Oktober | November | Dezember |

Rezeptregister

A

Apfel-Amaretto-Kuchen	56
Apfel-Florentiner-Kuchen	29
Apfelküchlein	130
Apfel-Mohn-Kuchen	67
Apfel-Muffins	122
Apfelstrudel	30
Apfeltarte, schnelle	72
Apfeltaschen	119
Apfel-Wein-Kuchen	28
Aprikosenkuchen	65

B

Bauernbrot	162
Baumkuchen	43
Berliner	133
Berliner Bobbes	128
Bienenstich	27
Birnentarte mit Karamell	71
Blätterteigpäckchen, herzhafte	150
Blätterteigtaschen	151
Butterkuchen	55
Buttermilch-Waffeln	123

C

Charlotte, himmlische	84

D

Dinkelvollkornbrot	158
Donauwellen	49
Dresdner Eierschecke	25

E

Eierlikörkuchen	15
Eistorte, kleine	109
Engadiner Nusstorte	40
Erdbeerkuchen, sommerlicher	77
Erdbeer-Sahne-Torte	88
Erdnuss-Schnecken	150

F

Flammkuchen	148
Frankfurter Kranz	37
Frischkäsetorte, schnelle	91

G

Gefüllter Nusskranz	38
Gugelhupf, pikanter	154

H

Hackfleischfüllung	151
Heidelbeer-Käsekuchen	83
Herz, nussiges	138
Herzhafte Blätterteigpäckchen	150
Himbeerherz	137
Himbeer-Schmand-Kuchen	78
Himmlische Charlotte	84
Holzofenbrot	157

J

Johannisbeer-Käsekuchen	66
Johannisbeerkuchen, schwarzer	81

K

Kalter Hund	41
Käsekuchen ohne Boden	24
Käsekuchen, saftiger	50
Käsesahnetorte	97
Käsestangen	150
Kastenweißbrot	163
Kirschkuchen, versunkener	68
Kirschstreusel	59
Kirschwähe	74
Klassischer Sandkuchen	10
Kleine Eistorte	109
Königskuchen	19
Kürbisbrot, süßes	160

L

Lauchkuchen	149
Laugengebäck	169
Lebkuchenherz	143
Liebesknochen	126
Linzer Torte	33

M

Marmorkuchen von Oma	8

Mandarinen-Schmand-Kuchen	52
Mandelherzen, zarte	139
Mischbrot, würziges	159
Mohn-Quark-Kuchen	21
Mokka-Sahne-Torte	101
Müslistangen	165
Muzenmandeln	131

N

Nussecken	113
Nussiges Herz	138
Nusskämme	117
Nusskranz, gefüllter	38
Nuss-Sahne-Torte	98
Nusszopf	44

O

Obsttörtchen	114
Omas Marmorkuchen	8
Omas Sacher Torte	104

P

Pikanter Gugelhupf	154
Prasselkuchen	60
Prinzregententorte	107

Q

Quarkbrötchen	166
Quarkstollen	45
Quiche Lorraine	146

R

Räucherlachs-Füllung	151
Rehrücken	13
Rhabarber-Streuselkuchen	73
Rosinenschnecken	129
Rotweinkuchen	14
Rüblikuchen, saftiger	16
Rumbombe	108
Russischer Zupfkuchen	22

S

Sacher Torte von Oma	104
Saftiger Käsekuchen	50
Saftiger Rüblikuchen	16
Sandkuchen, klassischer	10
Schinkenhörnchen	152
Schinken-Rucola-Füllung	151
Schnelle Apfeltarte	72
Schnelle Frischkäsetorte	91
Schokoladenkuchen	18
Schoko-Marzipan-Herzen	140
Schoko-Walnuss-Brownies	120
Schwarzer Johannisbeerkuchen	81
Schwarzwälder Kirschtorte	94
Schweineöhrchen, süße	116
Schwimmbad-Torte	89
Sekttorte	92
Sommerlicher Erdbeerkuchen	77
Spinat-Feta-Füllung	151
Süße Schweineöhrchen	116
Süßes Kürbisbrot	160

V

Versunkener Kirschkuchen	68

W

Waldfrucht-Baiser-Torte	80
Windbeutel	125
Würziges Mischbrot	159

Z

Zarte Mandelherzen	139
Zitronen-Biskuitrollen	34
Zitronenkuchen	11
Zitronige Butterkeksschnitten	53
Zwetschgenkuchen	58
Zwiebelbaguette	155

Folgt der Bauer hübsch seiner Frau, bleibt der Himmel immer blau.

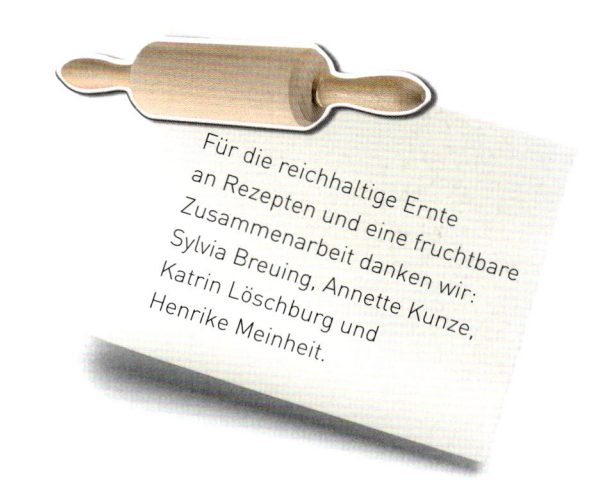

Für die reichhaltige Ernte an Rezepten und eine fruchtbare Zusammenarbeit danken wir: Sylvia Breuing, Annette Kunze, Katrin Löschburg und Henrike Meinheit.

Bauer sucht Frau
Die besten Backrezepte vom Lande

© RTL Television 2010, vermarktet durch RTL interactive GmbH

Herausgeber
Ralf Frenzel und Jörg Hoppe

© 2010
Tre Torri Verlag GmbH, Wiesbaden
www.tretorri.de

Idee, Konzeption und Umsetzung
CPA! Communications- und Projektagentur GmbH, Wiesbaden
www.cpagmbh.de

Die CPA! ist Mitglied der Deutschen Akademie für Kulinaristik und fördert Slow Food Deutschland e.V.

Fotografie Food und Impressionen: foodArtfactory, Rosenheim
Fotografie der Bauern: Stefan Gregorowius, Leverkusen (Seite 8, 15, 27, 37, 56, 58, 66, 78, 88, 94, 119, 125) sowie Photographie Guido Engels, Köln (Seite 18, 34, 72, 80, 109, 133, 148).
Fotografie Titel-Food: StockFood, Jörg Lehmann

Gestaltung und Reinzeichnung: Gaby Bittner, Wiesbaden
Reproduktion: Lorenz & Zeller, Inning am Ammersee

Printed in Germany

ISBN 978-3-941641-27-3

Haftungsausschluss
Die Inhalte dieses Buchs wurden von Herausgeber und Verlag sorgfältig erwogen und geprüft. Dennoch kann eine Garantie nicht übernommen werden. Die Haftung des Herausgebers bzw. des Verlags für Personen-, Sach- und Vermögensschäden ist ausgeschlossen.

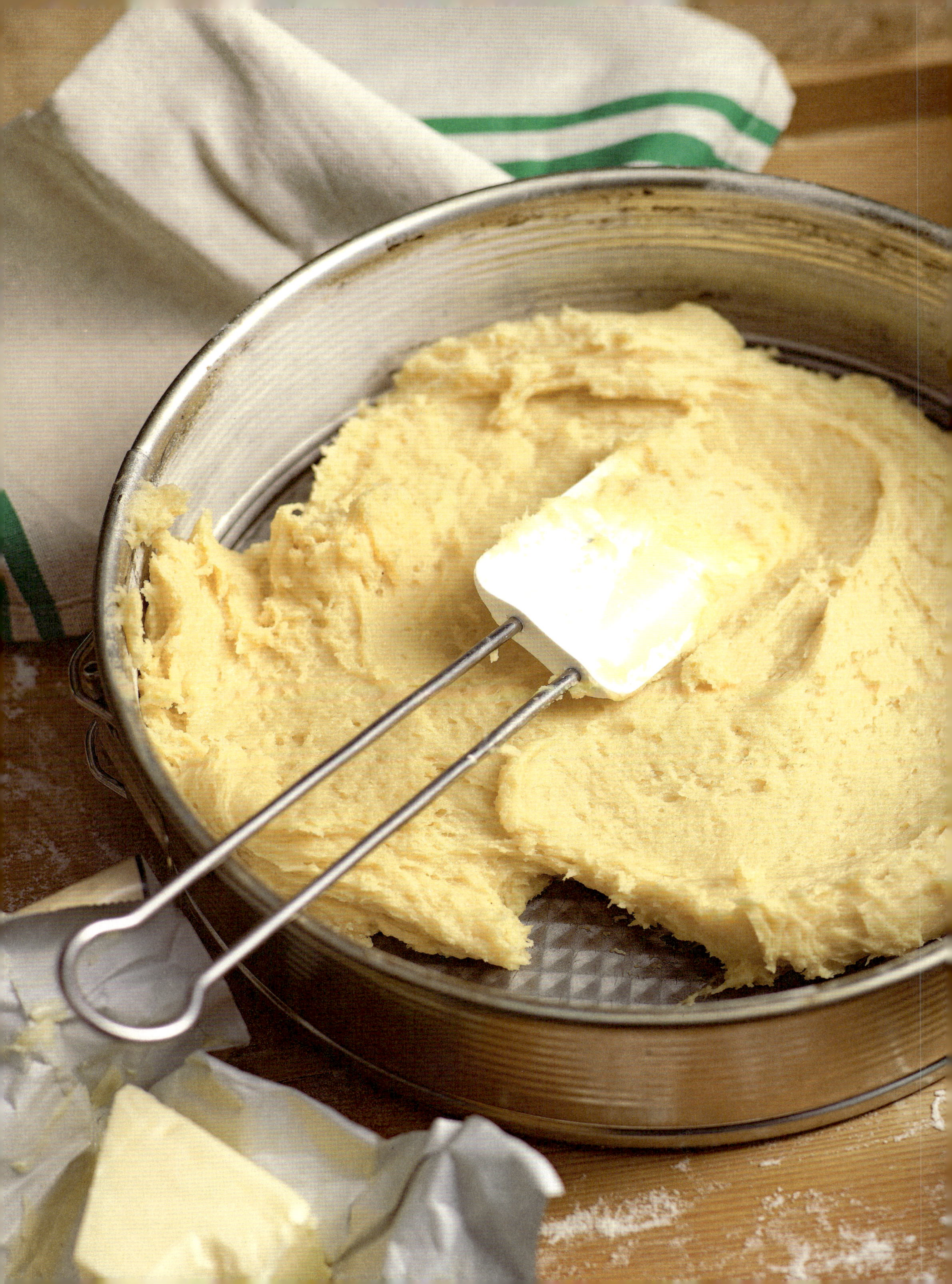